意林小励志

懂自律,方能成大器

《意林》图书部 编

吉林摄影出版社
·长春·

图书在版编目（CIP）数据

懂自律，方能成大器 /《意林》图书部编. -- 长春：吉林摄影出版社，2024.9. --（意林小励志）.
ISBN 978-7-5498-6280-1
I. C933.41-49
中国国家版本馆CIP数据核字第2024HK8894号

懂自律，方能成大器 DONG ZILÜ, FANG NENG CHENG DAQI

出 版 人	车　强
出 品 人	杜普洲
责任编辑	吴　晶
总 策 划	徐　晶
策划编辑	王征彬
封面设计	刘海燕
美术编辑	刘海燕
发行总监	王俊杰
开　　本	787mm×1092mm 1/16
字　　数	180千字
印　　张	10
版　　次	2024年9月第1版
印　　次	2024年9月第1次印刷
出　　版	吉林摄影出版社
发　　行	吉林摄影出版社
地　　址	长春市净月高新技术开发区福祉大路5788号
	邮　编：130118
电　　话	总编办：0431-81629821
	发行科：0431-81629829
网　　址	www.jlsycbs.net
经　　销	全国各地新华书店
印　　刷	天津中印联印务有限公司
书　　号	ISBN 978-7-5498-6280-1　　　定价 20.00元

启　事

本书编选时参阅了部分报刊和著作，我们未能与部分作品的文字作者、漫画作者以及插画作者取得联系，在此深表歉意。请各位作者见到本书后及时与我们联系，以便按国家相关规定支付稿酬及赠送样书。
地址：北京市朝阳区南磨房路37号华腾北塘商务大厦1501室《意林》图书部（100022）
电话：010-51908630转8013

版权所有　翻印必究
（如发现印装质量问题，请与承印厂联系退换）

目录 CONTENTS

第一辑

突破认知局限，提高人生上限

我永远属于未知　王慧骐 | 2
墨漫字　陆春祥 | 3
饶有日月风露　牛东平 | 4
跳脱自我视角　王可越 | 5
"科学失误"并非什么不光彩的事　沈　栖 | 6
你像士兵还是侦察兵
　　［英］沃伦·贝格尔　译/史建明　史晗琪 | 8
不可轻慢　朱艾萨克 | 9
最长久的关系　佚　名 | 10
我们遵守的规则一定正确吗　Justin Lee | 12
直觉依赖者的困境　崔　鹏 | 14
看　云　毕飞宇 | 16
巨树有三思　王溪雯 | 17
古代"显眼包"极简史　张希奥 | 18
风记得所有的故事　田　鑫 | 20
聪明不值钱　田晓菲 | 22

第二辑

忧心忡忡，不如学会掌控

和尚的笔往哪儿画　张蓬云 | 24
比较，是偷走幸福的贼　魏 倩 | 26
顶尖高手强在哪儿　李 翔 | 28
无　关　倪 匡 | 29
构建习惯体系
　　[美]詹姆斯·克利尔　译/迩东晨 | 30
三明治效应　有 书 | 31
我们是不是比古人更焦虑　陆 地 | 32
"摩擦力"帮你戒掉坏习惯　向睿洋 | 34
理想主义者是世界上的盐　何怀宏 | 36
经得起小事　草 予 | 37
时间就是金钱？这可不是什么好事　周欣悦 | 38
"不如弗知"的趣味　王厚明 | 40
命名的焦虑　周毓之 | 42
痛苦的时候，请把自己当外人　陈禹安 | 44
知识半衰期　陶 琦 | 46

第三辑

懂得自律，让选择权属于自己

饶舌的资本　平原马│48
欲望设计者　狄　青│49
苏轼的"笨功夫"　陆春祥│50
间歇性努力，不是真正的努力　芦屋主人│52
原来我和达·芬奇患了同样的"病"　宋石男│54
门前溪一发，我作五湖看　明　川│55
李渔的老虎　三　白│56
拒　绝　善　俊│58
征服经典　薛　巍│60
学习的四大场景　韩　焱│62
反　噬　祁文斌│63
别忘了自己还有"翅膀"　邵毅平│64
拥有离线的能力　闫肖峰│66
没有"快乐读书"这回事　曹　林│68
"弱德"的力量　李　荣│69
林间闲坐　李廷英│70

第四辑

别人很好，可你也不差

别太沉迷于自我的世界　张　恒 | 72
感受的稀薄　陈嘉映 | 73
"显功"与"潜功"　杨德振 | 74
不要把别人的泪当盐　刘江滨 | 76
懂与不懂　周春梅 | 78
偶尔出丑的人更被人喜欢　刘　颖 | 80
"努力"有时胜"聪明"　白龙鱼服 | 82
从春风那里得到的　樊德林 | 84
相比上台，我更愿在台下鼓掌　月亮粟 | 86
为什么你需要跟别人混个脸熟　卫　蓝 | 88
愤怒，需要被看见　文　君 | 90
如何正确地道歉
　　〔西班牙〕劳拉·冈萨雷斯　译/刘　梦 | 92
"动嘴"有分寸　余仁山 | 94
"社恐"的福利　青　丝 | 96
宝钗的逆商　陈艳涛 | 98
不必立"有趣"的人设　唐占海 | 100
马车越空，噪声就越大　曾洪根 | 102

第五辑

且自行动，让青春不负梦想

等信的马尔克斯　申赋渔｜104

爱上无聊、枯燥和乏味
　[美]詹姆斯·克利尔　译/迩东晨｜106

没有人这样画太阳　莫一奥｜108

无畏地追光　盛　韵｜110

大　山　以　宋｜111

从一个梦到另一个梦　风　中｜112

马和鸭子　肖　瀚｜114

用"逆向思维"解决问题　徐　玲｜116

花　籽　林清玄｜118

伊莱莎困境　胡　泳｜119

我们并不喜欢无所事事　姚家怡｜120

瓦匠生活　戚　舟｜122

把要做的事做完　刘荒田｜124

善于"放大"自己的能力　胡建新｜126

无视鳄鱼，穿越沼泽
　[美]奥赞·瓦罗尔　译/苏　西｜128

第六辑

困难总会过去，美好终会到来

父亲的孤独之旅　马　俊 | 130
东坡与"乌嘴"　杨满沧 | 132
混沌世界里的清晰之路　虹　影 | 134
沙尘暴
　[西班牙]阿兰·珀西　译/叶淑吟 | 135
穿越历史的"垃圾时间"　马向阳 | 136
"安乐窝"主人　易　玲 | 138
镜中观画　许靖然 | 140
与生俱来的力量　张雪云 | 141
鸟在它们的巢里　华　姿 | 142
枕下的零食　罗　兰 | 144
失掉生活方向的人才会迷路　李伟长 | 146
社交名单上的最后一名　舒　予 | 148
凌晨，一只异鸟翩然来访　张　楠 | 150

第一辑

突破认知局限，
提高人生上限

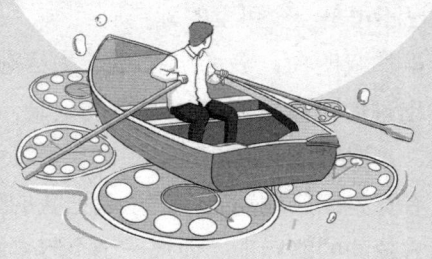

我永远属于未知

□王慧骐

从一座叫不出名字的山里出来，我记不清自己已走了多远多长的路。我只觉得我应该继续走下去。

我不愿对那已经消失在我记忆中的河流和山峦，有过多的留恋和动情的咏叹。我也不愿对自己脚下踩着的这片土地说："我将在这里驻足，并营造我的全部生活。"我始终对未知的一切怀有期盼。

尽管我已不再是天真的少年，但我每天都在心灵的阳台上放飞我烂漫的少年梦。我总有一种预感，明天的雨，一定比今天落得更美丽。而今天对于我，已不再是一个可爱的谜。

虽然我明白，我的脚会在一丛丛荆棘中扯踏得流血，我的头颅会在那突然出现的硬壁上碰撞出惨败的记录，但我依旧无法抗拒前面的路对我的诱惑。苦涩的野山花和青色果，远远超过了高脚杯和舞曲对我的吸引。

我算是彻底地豁出去了！我把我的赌注，毫不迟疑地押到那一块块继续向远方延伸的路标上。而那一个个写着寂寞和荒凉的驿站，联结起来，便构成了我整个生命的风景线。

所谓觉悟，就是在漆黑的荒野上，辟出一条理当前进的光明大道。

墨漫字

□ 陆春祥

《梦溪笔谈》中对"人浮于事"有着极为精彩的描绘：从前的校书官很多都不用心尽职，只是拿本旧书，用墨汁随便涂抹一个字，再把那个被涂掉的字写在旁边，以应付每天的工作，此谓"墨漫字"。什么叫混日子？这应该是一个比"当一天和尚撞一天钟"更经典的例子。

后来，朝廷设置了编校局，规定只能用红笔圈字，并且要在卷末写上校书官的姓名。于是，一切都有了改观。制度为什么重要？这是一个虽小但很能说明问题的例子。通过制度上的改进，校书官不仅不能随便涂抹，校完还要签上大名，一旦追究起来便有迹可循。长此以往，这些人便不能天天混日子，总得发现点什么。否则，还想不想拿薪水，想不想升迁了？

有时候，只需一点小小的制约，整个工作就会鲜活起来。把"漫"改成"圈"，一个实心点，一个空心圈，前者会让人混日子，后者却能反映专业水平。技术推动进步，于人于事于己于国都有益。与此类似，《梦溪笔谈》中一则修钱塘江堤坝的事例也富有意味。

钱塘江堤坝年年修，却年年发生水患。杜伟长任转运使的时候，有人建议，从浙江税场以东，退后几里修筑半月形堤坝，以避开汹涌潮水的冲击。所有的水工都认为这个办法很便利，只有一个老水工认为不可行。他私下对同伴说："堤坝移建了，每年不再有水灾，我们这些人到哪里去求衣食？"

同伴贪图自己的利益，于是都跟着附和老水工。杜伟长没有察觉其中的阴谋，花费了巨资，而水灾仍然年年发生。

这基本上是另一种"墨漫字"，只是表现形式不同。只管出工，不管效益；只顾自己利益，不顾公家成本。虽有可怜之处，却也可恨。

世界的模样，取决于你凝视它的目光。

饶有日月风露

□牛东平

长江中下游盛产的竹笋自古就是餐桌上的美味。笋天性喜阴，生在竹叶下，可食期很短，一旦受久了日光，就开始木质化，蜕变为竹。一位作家在回忆录中说，他小时候，村里有个孩子，不知从哪儿学的办法，拿酒瓮扣住刚出土的笋，于是这笋像进了黑煤窑，暗无天日，在里边长得弯曲肥大，却依然鲜嫩如初。他母亲知道后，不但没夸奖这孩子勇于创新，反而说"罪过"，说要让笋自然长大，吃起来才"饶有日月风露"。这位母亲的认知里，可以说有一种天然的户外精神。

沈从文在《边城》里这样描写主人公翠翠："翠翠在风日里长养着，把皮肤变得黑黑的，触目为青山绿水，一对眸子清明如水晶。自然既长养她且教育她，为人天真活泼，处处俨然如一只小兽物。"这无疑是个"饶有日月风露"的人。按现在的说法，她从小便参与户外活动。

户外活动作为一种生活方式，兴起自一种晚近才有的惆怅里。人生而自由，但无所不在房子中，这难免歪曲人对世界的感知。我的办公室外边有个小阳台，每次出去，就像开启了敞篷状态，虽然头顶还有屋檐，但放眼望去，已是广阔天地，身体里便有力量开始复苏。

在钢筋水泥和框架结构的深度中蛰伏日久，会忘了天地间原来另有深度。爱默生说："站在空旷的大地上，我的头脑沐浴在欢欣的空气中，我变成了一只透明的眼球，我化为乌有，但能遍览一切。"这话里也有一种户外精神在。对此，中国古语里有句话讲得更好，叫作"独与天地精神往来"，让人不可不思。

一个人在某个领域站得越高、眼界越宽，越会明白人外有人、天外有天。想去"更高的地方"，就得学会自省和谦逊。

跳脱自我视角

□王可越

如果不跳出自我视角，我们总会以想当然的参照系评判他人，或者在他人的视角下审视自己。一旦跳脱自我视角，我们就更容易对我们所处的环境、面临的问题、拥有的文化与习惯有更全面的理解。

1968年12月，宇宙飞船"阿波罗8号"飞往月球，执行绕月航行任务。宇航员威廉·安德斯从空中拍摄了一张著名的照片——蓝色的地球从灰色的月球地平线上升起。这张照片让人们首次看到了地球的全貌。后来，这位宇航员在一部纪录片中说："我们努力探索月球，而我们最重要的成就是发现了地球。"人类第一次从外层空间看到了整个地球。在这个距离上，我们才建立了对这个蓝色星球的总体觉知，真正理解了"四海一家"的意思，也更明白了人类的卑微与伟大。

理解人或事都需要一定的时空距离，那就给自己一个机会，从自我视角中跳脱出来。我们需要离开，才有机会回头，见识人或事完整的面貌。

> **生如逆旅 一苇以航**
>
> 世间之事，难就难在人们不知道或者不能够转一个念头，或是转了念头而没有力量坚持到底。幸福的世界里，绝没有愚蠢者、怯懦者和懒惰者的地位。你要合理地生存，就要有觉悟、有决心、有奋斗的精神和能力。

"科学失误"并非什么不光彩的事

□沈 栖

自不待言,科学的成果犹如现代文明的瑰宝,彪炳史册,世界瞩目。那么,对那些科学失败或失误,就该嗤之以鼻、嘲讽唾弃吗?理性的答案是否定的。爱因斯坦说过:"世界上只有两样东西可能是无限的,一是宇宙规律,二是科学失误。"其实,这两个"无限"有着密切的关联,宇宙规律要靠持之以恒的科学实践去探索,只有包括科学失误在内的科学实践才是发现和运用宇宙规律的不二法门。

爱因斯坦的经历证实了这一点。1929年,已获得诺贝尔物理学奖的爱因斯坦提出了一个"万物之理"的版本,试图将相对论与量子力学归入一种理论。具有"上帝之鞭"雅号的29岁青年物理学家泡利挑战权威,对爱因斯坦说,"你的这个理论是纯数学的,与物理现实无关",并预言"你会在一年内放弃"。果然,爱因斯坦不到一年就放弃了这个版本。并不甘心的他,分别于1931年1月和10月相继提出两个更新版本的"万物之理",结果也都以失败告终。爱因斯坦在事实面前公开认错:"提出'万物之理'是我一生中最大的失误。"但是,他仍赢得了科学界的敬重:勇于在一位后辈面前坦然认错,彰显出虚怀若谷的大师风范。更重要的是,这种怀疑和挑战,让科学探索的脚步不断行进——像这样不停地探索下去,我们就会离"万物之理"的真相越来越近。

也许是为了表彰科学实践精神,纪念科学失误的"捐躯者",1994年,斯坦福大学设立了"达尔文奖",此后每年在世界范围内"评奖"。查看历年获奖者的事项有:用打火机照亮燃料槽来确定有无可燃挥发性气体;为了拍高空急降而不带降落伞跳出机外……达尔文奖的设立,与其说是突显黑色幽默,不如说是在向被"自然法则"淘汰者致敬——他们的实践富有创造力和执行力，只是用错了时间和地点。

在探索和认识宇宙规律由必然王国走向自由王国的进程中，科学失误是常见现象。人们对科学失误自有一个甄别、智辩和纠错的过程。有些科学失误在当年可能被视为"真理"而名噪一时，一旦败露则声名狼藉。即便如此，人类也要予以正视，因为它为宇宙规律的发现付出了代价。享誉科学界的《自然》杂志曾从创刊100多年以来发表的数以万计的论文中，精选出近千篇代表作，出版了《〈自然〉百年科学经典》丛书。丛书编辑毫不避讳自己杂志的"污点"，收入了不少"为科学失误张目"的论文。如20世纪60年代发生的"聚合水"事件：有科学家撰文声称发现了一种超黏滞状态的水，导致近十年内，世界各地不少科学家都"纠结"于这项研究，结果被证明是重大的科学失误。"经典"的科学失误不失为极好的反面教材，亦有其价值——只要它是通过科学方法发现或推论而出的。

科学的进步，时刻伴随着失误，谈论失误不是一件不光彩的事情。只有通过不断容错、辨错、纠错，科学才能越发昌明，愈加接近真理和真相。恰如英国剑桥大学动物病理学教授贝弗里奇所说："在进行科学探索时，对严重谬误论见的揭露，其价值不亚于创造性的发现。"因为"严重谬误"与"真理"之间，可能只有一步之遥。所以，之前的那些所谓"失误"，也许是科学通向真理的桥梁。

> 生如逆旅
> 一苇以航
>
> 人的聪明才智其实差不多，重要的是，你能不能把你要达成的目标转化为你每天努力实现它的习惯。

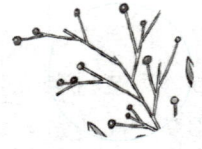

你像士兵还是侦察兵

□[英]沃伦·贝格尔 译/史建明 史晗琪

　　士兵的思维方式与侦察兵的截然不同。士兵的工作是防御敌人，而侦察兵的工作是探索和发现，这两种截然不同的思维方式也适用于我们在日常生活中对信息和想法的处理。侦察兵的思维方式根植于好奇心。他们在获取新的信息或解决一个难题时，会感到快乐；他们在遇到与自己的预期相悖的事情时，更有可能感到好奇。

　　换句话说，侦察兵有"智力谦逊"。智力谦逊被定义为"一种对新思想开放的状态"。比起取得高分，知道正确答案和不犯错误这种"老式智慧"，谦逊是一种"新式智慧"。这是以人不断适应的能力来衡量的。要做到这一点，我们必须有开放的心态，把自己的信念当作假设，让它不断接受检验，进行修正。

　　风险投资家克里斯托弗·施罗德用一个问题来提醒自己保持开放的心态：我更愿意做对，还是更愿意理解？他说："如果你坚持自己是对的，你就会把自己锁在回音室里，这会导致你做出错误的决定。"另一位风险投资家用类似的问题来评估候选人：这个人是宁愿正确还是宁愿成功？而他倾向于把钱投给后者。因为他发现，成功的企业家更愿意接受反馈，并愿意被证明是错误的，因此，他们能够学习、适应，继而改进想法或提议。

　　"必须正确"不仅能影响业务决策，在人际关系中，它也会让争论和争执持续很久。发现自己在某件事情上错了，不用总是感到羞愧，或许这是一种智力开放和长大的标志。

每个人都不可避免是井底之蛙，但我们可以时常换口井看看。

不可轻慢

□朱艾萨克

有一则旧事是如此展开的：著名的弘一法师到学生丰子恺家，丰子恺请弘一法师坐在一张藤椅上，藤椅柔韧，坐上去会感到舒适。弘一法师没有马上坐下，而是先摇晃了几下藤椅，再缓缓落座。后来，弘一法师又去了一次，依旧做了这个摇晃的动作。弘一法师解答了丰子恺的疑问——这张藤椅旧了，藤条间有许多缝隙，可能藏匿着一些虫蚁，如果贸然坐下，就会挤压到它们。一般的人和不一般的人之间的差别不一定都是宏大的，反而可能表现在一些细微处，譬如这细细的缝隙里，就填充着一个人丰富的悲悯。有些人刻意为之，那就辛苦；有些人自然为之，那就成为一种自觉。一个人要走多远，才可以关注到藤椅上的缝隙？

时光匆匆，我们对小的东西已经缺乏察觉的耐心了；而对大者，我们的兴致要高昂得多。不知道从什么时候起，有人赠送给我的宣纸的形制大起来了，我握笔濡墨挥洒的作品也大起来了。其实，书法家内心都很清楚——大未必佳，但巨大是可以引人注目的。如果我用巴掌大的花笺写一幅小楷，那真会像汪洋中的溺水之人，顷刻间被淹没，无处找寻。想想东晋时期的那些简札，小得不得了，却精彩之至，这是因为有真性情在里边。所以，就是片纸只字，也甚好。说起来，翼若垂天之云的鲲鹏，死生在朝暮之间的虫蚁，都是天地夹缝间的存活物。所谓大小，其实并没有什么差别。对待万物，我们当如弘一法师那般，不可轻慢。

当森林暗下来的时候，不要再走小路。当你被情绪吞噬的时候，你会有极大的冲动想尝试改变生活，而那往往不是太好的时机。

最长久的关系

□佚 名

我们总以为,麻烦别人,会给对方带来困扰。但不麻烦彼此,关系也就无从建立。有时,让别人喜欢你的方法不是去帮助他们,而是让他们来帮助你。因为在麻烦别人的过程中,对方"被需要"的需求满足后,会获得一种成就感。所以,适时向别人寻求帮助,等于主动叩开了一扇门。当你鼓起勇气说出一句求助的话,就是向对方释放了一个友好的信号。而这往往也是开启友情最好的契机。

1933年,巴金从上海来到北京,与朋友们一起创办《文学季刊》。苦于没有作家供稿,巴金夜里常常焦虑到失眠。朋友建议他去找冰心给刊物组组稿,但当时的冰心早已声名在外,原本他没抱太大的希望。让他没想到的是,当他抱着试一试的态度,上门拜访时,冰心热情地招待了他,并且欣然答应了邀约。合作期间,两人的友谊逐渐加深。

1940年冬,冰心身体不好,经济日渐拮据。为了赚取生活费用,她不得已就委托巴金帮忙出版《冰心著作集》,巴金也全力相助。冰心曾给巴金写过一句话:"人生得一知己足矣,斯世当以同怀视之。"两位文学巨匠,尽管不常见面,却是书信不断,在相互照应中共同度过了几十年的风风雨雨。

一段好的关系,不是各自精彩,而是交叉而行。通过适度的麻烦,拉近彼此的心理距离。有拖有欠,互相惦念,感情才能稳固持久。

美术大师徐悲鸿出身贫寒，从小跟着当私塾先生的父亲，学画卖画以补贴家用。1915年，他遭遇了人生中的至暗时刻，父亲、妻子、幼子接连去世。接踵而至的打击，令他苦不堪言。编辑朋友黄警顽发现后，将他带回自己的家中，两人同吃同睡。黄警顽还张罗着为徐悲鸿介绍工作，使徐悲鸿赚到人生第一笔30元的卖画稿酬。在黄警顽的牵线搭桥下，徐悲鸿的境况逐步好转，慢慢在美术圈拥有了一席之地。

而徐悲鸿也一直将这份恩情牢记心中。1947年，黄警顽因故被逮捕入狱，备受折磨，出狱后消沉了很长一段时间。徐悲鸿知晓他的处境后心痛万分，一到北平艺专上任，便请黄警顽到北平来，让他当了管发学生助学金的出纳员，逢年过节也必接黄警顽到家同聚。两个人相互扶持，成为当时一段佳话。一个懂得感恩、肯真心对待别人的人，同样会得到善待。

胡适十几岁的时候要去上海读书，母亲不放心，送他到车站的时候说："你要去到更大的世界了，我再也帮不了你，自己去闯荡吧，送你四个字——学会求助。"

没有人能活成一座孤岛。人与人之间就像两条线，互不打扰，就永远不会相交，好的关系都是从相互麻烦开始的。但也不要忘记，没有谁天生就该对谁好，懂得回馈，不忘人恩，人家帮你才会开心。

若一个人在每件事上都要偷懒，哪怕先天条件再好，最终也不免要在人生的跑道上落后。一分耕耘，一分收获。你的付出，决定你人生的优劣。

我们遵守的规则一定正确吗

□Justin Lee

刻舟求剑的故事我们都学过，可在实际生活中，每个人都或多或少犯过刻舟求剑式的错误。

刻舟求剑的故事有个社会实验版。将5只猴子放在一个大笼子里，并在笼子中间吊一串香蕉，只要有猴子伸手拿香蕉，就用高压水惩罚所有的猴子，直到没有猴子再敢动手。实验的下一步是用一只新猴子替换笼子里的一只猴。新来者不知这里的规矩，去拿香蕉，结果被4只老猴暴打，直到它遵循这里的规矩为止。实验人员继续将最初经历过高压水惩罚的猴子逐个换出来，当笼子里所有的猴子都换成新猴子时，仍然没有一只猴子敢去碰香蕉。因为它们知道，碰香蕉意味着被打，至于为什么被打，已经没有猴子知道。

规则是用来成事的，大家为了达成某个共同目的，于是制定了规则。任何一条社会规则，都有其适用场景，一条规则脱离了场景之后还能适用，只能靠巧合。可世界上多的是只知道要做一件事却不知道为什么要这么做的人，于是，即使环境早已发生变化，过时的规则却还在很多地方被延续下来并严格遵守。这时，这样的规则不仅无助于成事，反而会损害效率。

一个妻子蒸火腿肠时总是把火腿肠切成两半，丈夫便问："为什么要切开，这样一蒸中间就冒出来了。"妻子说："我不知道，自小我妈妈就是这样蒸的。"那好，问问妈妈吧！妈妈说："我也不知道，我自小你姥姥就是这样蒸的。"那问姥姥吧。姥姥说："唉，你妈小时候咱家穷，大的蒸锅买不起，只能买小蒸锅，火腿肠太长，不切开放不进去，所以得切开啊！"

可能很多家庭都会有类似的各种奇怪的"家规"。这个社会上很多所谓的道德、约定俗成，也类似这些"家规"，大家都在遵守，但没人说得出为什么。如果追问，得到的回答无非是"老辈人规定的""自古如此""大家都这样啊"。也许人云亦云、随波逐流省了思考的力气，但浪费的，是我们的时间、精力，甚至是生命。

比如，关于火灾逃生，现在广为流传的还是"用湿毛巾遮掩口鼻往外跑"那一套。这种做法是大约100年前流传而来的，当时之所以管用，是因为那时火灾的燃烧物无非木材、棉麻之类，燃烧产物是一氧化碳和二氧化碳，浓度不大的话，人被熏两三分钟可能不会死亡，加之那时大多是平房，两三分钟已足够逃生。但现在，平房变成了楼房，装修材料也发生了变化，一旦着火，会产生大量有毒烟气，一口烟就足以使人失去行动能力，最后造成死亡。所以，在火场逃生中，虽然湿毛巾有一定过滤烟气、降温和防毒的作用，但它不是逃生的"神器"。遇到火灾，如果你手头正好有现成的毛巾，并且方便的话，就捂上，但不要刻意去找湿毛巾。"用湿毛巾遮掩口鼻往外跑"的做法如今有了局限性，逃生方法还是要因地制宜、因人而异。

我上小学的那个年代，打算盘虽然不是必修课，但每个人都要学习。对那时的读书人来说，只有学会打算盘，才能跟各种各样的数据打交道。随着时代变迁，现在很少有学生学打算盘。这点进步在一定程度上跳出了"刻舟求剑"的笨拙，但还没有完全跳出，因为人们还在犯另一个"刻舟求剑"式的错误——用今天的知识教未来的孩子。

孩子是祖国的花朵，很多人只看到"花朵"二字，却看不到"未来"二字。所谓未来，是他们20年后才能为社会所用，我们教他们的知识，应该是20年后需要使用的知识，而不是我们现在使用的知识。如果没有这样的意识，我们还是会像我们的父母师长在20年前一样，犯下让孩子拼命学打算盘的错误。因此，我们应该培养孩子学习的能力，即使20年后他们掌握的知识过时了，也能快速学习新知识。

人不仅应该仰望星空，也需要脚踏实地，这样才能掌控影响自己命运的方向。所以，我们应摒弃自己某些"刻舟求剑"的狭隘与局限，我们永远都只是在路上。

生活是去经历一段旅程，而不是去解决一个问题。

直觉依赖者的困境

□崔 鹏

地球是圆的吗？从某种意义上说，是的，特别是在人们的印象中。但在某些维度上，地球又不是圆的。很久之前，我想从北京去扬州玩就证明了这一点。北京到扬州的距离比北京到南京的距离要近，但是如果你打算从北京到扬州，最佳路径是从北京先向南飞到南京，然后坐火车向北到达扬州。

从真实世界来讲，应该存在另一个地球仪。你能更快到达的地方一般离你更近，而有些地方距离你虽近，你要到达却要被迫花费更长的时间。转换一下场景，当你因为不舒服来到一家医院，除了要找一个好大夫，以及用性价比尽量高的方式让自己感觉好起来，还要注意什么？

有一点很重要，那就是避免在医院拥挤的人群中交叉感染上新的疾病。人们最可能在什么地方遭到感染？是医院的厕所吗？是拥挤的大厅吗？

加拿大医生、心理学家唐纳德·雷德梅尔写过一篇关于人们在医院交叉感染的论文。这位经常有独辟蹊径想法的医学专家拿着棉签和培养皿在多伦多的三家大医院取样。最后他发现，最容易让人们交叉感染的地方是医院电梯的按键，并写了一篇名为《医院电梯按键与细菌传播相关性》的论文。

人们之所以认为电梯按键这个答案不可思议，是因为和医院大厅、充满消毒剂味道的马桶盖以及取药的前台相比，电梯按键太小了。

在一般人的印象中，医院厕所的马桶肯定比电梯按键危险，但事实并非如此。实际上，大多数改变人们看法的信息都不难获得，你只要简单地在浏览器上搜索就可以找到改变看法的逻辑和事实。但是当具体问题摆在人们面前时，大多数人还是会做出错误的判断。

这是为什么呢？人们的认知大致可以分成三部分，一个已知王国和一个未知王国，当然还有第三部分，一个不可知的王国。一个高效而且理性的决策者的做法是，尽量扩大已知王国的领域，减少未知王国的领域，不在不可知王国的领域里费力气。

但是，从统计结果来看，大多数人还是过于依赖直觉。这可能源于人类的进化。依赖直觉可以节省人们的判断时间和能量。这种节省对奔跑在非洲荒野里的人真的很重要。但是现在，很多人在为无聊和减肥而苦恼呢。

不管是投资者做投资决策，还是普通人做一般性决策，其实阻止他们变得更为理性高效的最重要的原因，并不是我们想象的信息不对称，而是人们对自己已知世界的依赖，并根据已知世界编造未知领域逻辑的倾向性。在很多时候，时间并不是问题，只不过人们在编造时产生的快感要远远大于人们在重新认知时的感受。

当然了，大多数人如此，这也成就了少数人的套利机会，但我不敢保证少数人套利所获得的快感能抵消他们厌恶直觉而产生的痛苦感受。

不要用誓言、图钉、锤子把时间固定死。不论晨昏，变化随时都会出现，你的心灵和思想永远在打磨、改变或创造些什么。今天会，明天会，永远都会。

看 云

□毕飞宇

有一种玩具，你不可能拿在手上把玩，那就是云朵。

孩子们看云，真正让他们关注的当然不是云，而是"动物"。平白无故地，一大堆白云就成了一匹马。这匹白马的姿势是随机的，有可能站着，也有可能腾空而起。一匹马真有那么好看吗？当然不是，好看的是变幻。一匹马会变成什么呢？这里就有悬念了，也可以说，有了玄机。

我不知道"白云苍狗"这个词是谁创造的，他一定是位心性敏感的倒霉蛋，他被人间的变幻莫测弄昏了头，不知何去何从。就在某一天，他的"天眼"开了，通过天上的云，他看到了苍天的表情，还有眼神。一炷香的工夫，他理解了人生。他看到了人生的短暂和不确定性，看到命运姣好的"静"，也看到命运狰狞的"动"。他一下子就"明白"了，由此获得了生命中的淡定与从容。

当然，孩子们看云，只是为了好玩，怀揣的是一颗逛动物园的心。看了"骆驼"再看"马"，看了"狮子"再看"熊"，你看看，云和天空所做的工作居然是"科普"与"启蒙"。也可以这样说，孩子们看云，其实是在看露天电影，天空成了最大的屏幕，生命在屏幕上更替、演变，你中有我，我中有你。天空和云就是这样神奇，难怪我们的先人一遍又一遍地告诉我们：向大自然学习。我们观察大自然、研究大自然，其实都是在学习。

如果你的启蒙老师是大自然，你的一生都将幸运。

无论风暴将我们带到什么样的岸边，不妨都以主人的身份上岸。

巨树有三思

□王溪雯

一次小组演讲,三位不同国籍的交换生被分配到了同一组。这三位交换生都是来自各自国家的优秀学生,可遗憾的是,有时候,优秀的选手未必是优秀的队友。小组讨论时,三人各执一词、互不相让,然后讨论逐渐变成了辩论,最后演变为争吵,直到教授走进教室,争吵才得以控制。

站在讲台上的教授只字不提刚才的争吵,只是拿来了三本书,一本是英文版的短篇故事《巨树》,另外两本分别是此书不同语言的翻译版。他将这三本书分别给了刚才的三位同学,让他们去阅读各自国家的母语翻译版,然后和大家分享故事中的观点。这个故事的梗概是:一个小男孩与一棵苹果树一起长大,当儿时的男孩想玩游戏时,苹果树的树枝充当了他的玩具;当成年后的男孩渴望赚钱时,苹果树把所有的苹果都给了他;当事业有成的男孩想要远行时,苹果树把粗壮的树干给了他,让他去做船只;再后来,垂垂老矣的男孩再次回到苹果树旁,此时的他只想歇息一下,而苹果树用自己仅剩的树墩给了他一处休憩之所。至此,故事结束。

如此简单的故事情节,轮到这三个人各自讲述观点时,却出现了极具戏剧性的一幕。明明是同样的人物和场景,在三个国家的语境中,竟然展现出三种不同的观点。这时,讲台上的教授在黑板上缓缓写下了这节课的学习内容"异文化理解",然后转身对学生们说:"当所有人都置身巨树下,理解与包容就成了每个人的必修课。当你遇到了与你的思维方式不同的人时,你要时刻意识到一个问题,那就是你必须允许每一个人的脑海中都有一棵与你不同的'树',而正是因为这些不同的树和谐共生在同一片森林里,森林才得以变得更加厚重和广博,不是吗?"

我们无法判断一个瞬间的价值,直到它成为回忆。

古代"显眼包"极简史

□张希奥

一代人有一代人的"显眼包"。

战国时期最著名的"显眼包"自然是秦武王。《史记》记载,秦武王力气大又爱比武角力,大力士任鄙、乌获、孟说都在他的手下做了大官。有一次,秦武王与孟说比赛举鼎,一不小心弄断了自己的小腿骨,没过多久就死了。此后,"举鼎绝膑"便用来形容力气小,不胜重任。

西晋有两个"富哥",一个叫王恺,是晋武帝的舅舅;一个叫石崇,也是世家子弟。他们都爱炫富,没事就玩"比比我们谁更有钱"的小游戏。

有一次,晋武帝送给王恺一棵两尺来高的珊瑚树,品相极佳,世间罕有。如此珍贵的宝贝,王恺自然要拿去向宿敌炫耀一番。没想到,石崇见了以后,竟然用铁如意去敲打珊瑚树,把珊瑚树弄碎了。

王恺心里很难受,又很生气,心想石崇一定是忌妒自己!而石崇此时缓缓开口道:"别生气,马上就赔给你一棵新的。"他让手下把家里的珊瑚树全都拿出来,高三四尺、枝条独一无二的有六七棵,像王恺拿来炫耀的那种就更多了。王恺看了,只有"惘然自失",从此不敢在石崇面前显摆。

东晋时期,有一趣事。蔡谟渡江时,见到蟛蜞,他聪明的小脑瓜里立刻想到了曾经读过的书:"八足二螯,书上说这是蟹!"他便把自己坚信是蟹的生物抓来煮了吃了。没承想,吃了以后上吐下泻,蔡谟这才知道:这根本不是螃蟹!

后来谢仁祖听说了此事,点评说:"你《尔雅》读得不熟,差点儿被《劝学》害死!"蔡谟只学了《劝学》里写的"蟹有八足,加以二螯",没读到《尔雅》里写的"彭(蟛)蜞,似蟹而小"。

唐代宗大历九年(公元774年),张莒得中进士后去大雁塔游玩。张莒一时兴起，在大雁塔上题名："新科进士到此一游。"从此，唐朝的进士就爱上了这种恣意潇洒的耍酷方式。

最著名的效仿者是白居易。贞元十六年（公元800年），白居易和其他十六位同科进士跑到大雁塔，庆贺自己得中进士。白居易写的是："慈恩塔下题名处，十七人中最少年。"

此后，"雁塔题名"既是寒窗苦读多年的学子难得做一次"显眼包"的机会，也成了科举高中的代名词。

明朝，有一个北方人在南方当官，有一次，他在酒席上吃菱角，连着壳放进嘴里一起吃。有人善意地提醒他："吃菱角是要去壳的呀！"此人嘴硬，装作对菱角很熟的样子，说："我才不是不知道菱角要去壳吃，连着壳吃是因为我想清热解毒。"这么一说，提醒他的人也不自信了，就问："你们北方也有菱角啊？"此人回答："可多了，山里到处都是。"但菱角是水生，并非土里生长的。在座的人只好尴尬一笑。

清初著作《夜航船》中有一个相似的"显眼包"卖弄学问被戳穿的故事。某日，一个僧人和一个士子一同在夜晚乘船。士子高谈阔论，显得很有文化。僧人有点儿"文化人恐惧症"，不敢打扰他，便缩着脚睡觉。士子讲着讲着，僧人发现不对劲：这好像是个假的文化人！

僧人问："澹台灭明是一个人还是两个人？"士子说："当然是两个人啦！"（澹台灭明是孔子的学生，复姓澹台，名灭明，字子羽，七十二贤人之一。）僧人又问："那尧舜是一个人还是两个人？"士子回："自然是一个人。"僧人笑了。

做人要谨慎，稍有不慎便成了"显眼包"。

选择自己喜欢的生活方式，需要一种非凡的魄力和勇气，但你有时候只是缺少一咬牙、一跺脚的开始。

风记得所有的故事

□田 鑫

如果仔细听,就能听到一株草破土的声音。它破开一块土的瞬间,是那么努力。而更多的时候,我们是听不到这一切的。我们都走得太匆忙,忽略了一株草所具有的力量。

想听见破土的声音,还需要一场风。入冬后,人也需要一场风才能渐渐苏醒。立春一过,风开始透过渐次变薄的衣物,慢慢渗进身体,把春天、绿色、舒展、芬芳一股脑地灌进身体。

风让一切苏醒,当然也就掌握了一切事物的秘密。长腿的风什么都知道。除了草,它还知道河流的一切、树的一切、村庄的一切、路的一切……甚至连城市的一切,只要它愿意,就能轻而易举地得到。

芒种前后的一天早上,我赖在床上翻手机,冷不丁听到一声"布谷"。毫无疑问,这声音来自一只布谷鸟。

别看布谷鸟叫声洪亮,其实它天生就是一个胆小鬼。我在村庄里住的时候,从来没有见过布谷鸟接近人和村庄,它们躲在成群的树中间,冷不丁一声"布谷",你想找到它又何其难。它怎么会突然出现在城市里,并且叫这一嗓子呢?可惜的是,在随后的很长时间里,这叫声再也没有出现。

我一直想弄明白它的来历,于是想到了风,肯定是它路过带着湿气的树林时,见到了这只正在啼鸣的布谷鸟。风被它吸引,但鸟是带不走的,风就把它的叫声带走了。于是,这叫声穿过草地、溪水,绕过几条土路,就到了城里。风跑累了,就把布谷鸟的叫声卸下来,留在了我的住处。

风能带来布谷鸟的叫声,就能带来它的秘密。这么想来,还有谁可以在风面前守口如瓶呢?风每到一个地方,就带走这个地方所有的秘密。秘密越来越多,风背不动了,就停下来,随意地卸下来一些。于是,我就在一个清晨,听到了一只布谷鸟的叫声。

这件事已经过去半个多月了,我还时不时想起那一声"布谷"。有一天,读陆游的《嘲布谷》,我有了找到答案的舒畅。他说:"时令过清明,朝朝布谷鸣。但令春促驾,那为国催耕。红紫花枝尽,青黄麦穗成。从今可无语,倾耳舜弦声。"布谷鸟让风带来啼鸣,原来是要提醒我。

可是,它究竟在提醒我什么呢?要是在我所在的村庄,听到布谷鸟催耕的啼鸣,再懒的农户,也会开始拾掇闲了一冬的农具。但是,这一声对一个已经告别村庄、在城市生活了很多年的人来说,意义何在?后来,我想明白了,这一声无意间被风带进城市的啼鸣,是让我记住时令,记住村庄,记住来时的路。

我相信,有些记忆是风吹来的,有些记忆是被风吹走再也没有回来的。我在万千人中走着,风吹过来的时候,还在低头赶路,想着接下来要发生的事情,丝毫没有注意风正在向我靠近。就这样,它击中了我,我再也走不动了,站在原地。

风从来都是你第一次见到时的样子,它就这样一直吹,把野草从嫩绿吹到枯萎,把麦芽从破土吹到抽穗……吹啊吹,吹瘦了河流,吹老了村庄,那里住的每一个人,都不是活着活着变老的,而是被风吹老的。

一场风,把被我遗忘在过去的东西一一吹回来。风像一个庞大的黑洞,装着我们所有人的过去,每一个细节它都一一替我们保管,就等着我们来找的那一天。我抿着嘴,面朝天空使劲地吸气,可是,风中没有任何痕迹。

同样是一阵风吹拂而过,粗心的人却不曾感觉到风的提醒,不曾读懂风中传递的故事。一年四季,都有风从身边刮过,从脸颊上拂过,它们记得四季的模样,它们记得节气的秘密,它们更记得所有事物的故事……

你可曾试着读懂一阵风?可曾试着抓住一缕风?长腿的风送来成长的记忆,那些依然生动美妙的日子,并非一去不复返了,只要还有风徐徐吹来,就会吹醒一季又一季的回忆,吹醒一颗又一颗沉睡的心,轻拭岁月的浮尘,让我们看清人生的过去与未来。

> 生如逆旅 一苇以航 　无论什么情况,人都还有最后一种自由——选择态度的自由。

聪明不值钱

□田晓菲

著名汉学家宇文所安的父亲是一位物理学家,他常告诫宇文所安:聪明不值钱。

我认可这句话,但是我不认为聪明的对立面是勤奋。事实上,我并不喜欢"勤奋"这个词,因为听上去充满"吃苦"的回声。古今中外,不乏"没有痛苦,就没有收获"这样的陈词滥调,因为咬牙吃苦才得来的"收获"总是相当平庸、微小、可怜的。在我看来,真正的关键词是"热情":如果对自己做的事情满怀热情,那么做起来就充满乐趣,而做这件事本身就已经是极大的收获,更不用说那些看得见、摸得着的收获了。

> 每个人心里都有一份清单,上面列着诸多美好的事。可是,这些事总是被推迟,被搁置,直至在时间的阁楼上腐烂。为什么勇气的问题,总是被误以为是时间的问题,而那些沉重的、抑郁的、不得已的,总是被叫作生活本身?

第二辑

忧心忡忡，
不如学会掌控

和尚的笔往哪儿画

□张蓬云

这是一个听来的故事。说和尚坐禅，是有要领的，必须排除杂念。可有位和尚的心就是静不下来。盘腿打坐时，他总觉得有只大蜘蛛从身下爬到腿上，而且是有时出现，有时又没了。没了办法，他去求师父指导。

师父听了一笑，说："好办，你身边备一支笔，下次那蜘蛛再爬出来，快速在它身上画一笔。等出定后，咱们去找，看看这是何方妖怪，将它驱逐。"和尚照师父说的做了。他刚打坐片刻，就感觉那只蜘蛛出来了，于是抓起笔在蜘蛛身上画了个圈圈。画完蜘蛛就没了，慢慢地，他也安静了。当他坐禅完毕，立刻想起那只大蜘蛛，就四处寻找，把佛堂寻了个遍也没找到。这时，师父来了，说："这么惊动大家值得吗？你怎么不在自己身上找找呢？"

这个和尚低头一看，自己的肚皮上刚好有一个墨笔圈圈。"怎么会画到自己的肚子上呢？"他不解。师父对他说："我们有时总感觉是什么外来之物打扰了自己的生活，就四处寻找，甚至怀疑他人。其实，有许多时候是我们自己心猿意马，把自己搅得晕头转向，有时还吓着了。"

事情有时就是这样，出了问题，有了毛病，发生了一些事，就眼睛向外找，四处找，看谁都可疑、有事儿。殊不知，问题出在自己身上。俗话说"自病不觉"是也。

《晋书·乐广传》中"杯弓蛇影"一事的主人公，不也是多疑不解而病？人常言，"天下本无事，庸人自扰之"，其实，有时并非只有庸人自扰，一些平日里有能力有作为的精干者，偶尔也犯糊涂，不但搅得自己晕头转向，甚至还影响别人。就像那个喝了蛇影漂动之酒，而生疑发病的人一样，这种捕风捉影的胡思乱想，弄不好，真是要伤害别人，甚至害死人的。多亏当事者把"病人"找来,用真实情况让他看那"蛇"原来是墙上挂着的弓,这才愁云四散,"豁然意解",恢复了往常的太平日子。

无巧不成书,比"杯弓蛇影"里那位还上一个档次的,是《庄子·达生》里记载的齐桓公。一日,齐桓公在草泽中打猎,突然惊恐万分地向为他驾车的管仲说自己见到鬼了!回宫后,齐桓公便疲惫困怠得一病不起。几日后,齐国一位名叫皇子告敖的名士进宫探望齐桓公。得知原委后,皇子告敖对齐桓公说:"你是自己伤害了自己,鬼怎么能伤害你呢?身体内部如果气机郁结,身体对于来自外界的骚扰也就缺乏足够的精神力量了。郁结之气既不上通又不下达,心则由此生病,此即所谓'心鬼'之由来。""心鬼"是什么?就是人们常说的"疑心生暗鬼"。听了皇子告敖一席话,第二天他就病好了。

《战国策·赵策》里说:"疑事无功,疑行无名。"意思是,对于自己所从事的工作不明白,那就什么也做不成了。这该怎么办?《管子·形势》中给出了解答:"疑今者,察之古。不知来者,视之往。"对世事有疑而看不清时,对身边发生的事整不明白时,可以研究分析历史上发生过的同类或相似的事件,就是鉴古而知今。虽不能全解,但可参照。大千世界,万物丛生,不见得有人就是万事通。不通没关系,可千万别疑人、害人。"察之古,观之往",大家研究、探讨,会柳暗花明的。

如花在野 温柔热烈

记住该记住的,忘记该忘记的。改变能改变的,接受不能改变的。

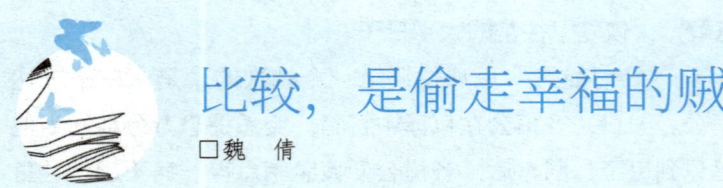

比较,是偷走幸福的贼

□魏 倩

读书时,大考后总有好事者从老师那里找来排名册,除了看自己的分数,还总忍不住在同学和自己的名字间跳来跳去:语文我比他高两分,数学他胜过了我,好吧,总成绩还是他领先。成年后,这份排名册也没有消失:他事业发展不错但还没结婚,她结婚了但还没生孩子,那他呢?天哪!为什么这儿还有一个"人生赢家"?

只从"赢家"这个词就能看出我们是多么热爱比较。当然,比较是人类进化的结果,我们需要通过比较来确认自己在群体中的位置,从而决定自己是否需要采取行动。但比较又是"偷走幸福的贼",能催生嫉妒和自我怀疑。

社交媒体的出现为我们制造了一个"方便可即"的"比较场"。那些早该被你遗忘的老同学,那些原本再也不会出现在你身边的人,用清晰的照片展示着他们的旅行、婚礼、升职加薪。如果你这阵子恰好生活不如意,这些强加来的比较足以摧毁你的平和内心。

但社交媒体上的照片不能代表真正的生活。朋友上传的自拍可能是从100张照片里精心选择的,他们当然不会把加班熬夜和被老板批评的信息发在网上。这能够解释,为什么我们在社交媒体上嫉妒的往往是有弱关系的人而不是亲近的朋友,因为你了解后者真正的生活。

更多时候,我们热衷比较只是因为个人状态不佳,而不是对方展现出的优秀特质。这时更好的做法可能是马上关掉网页,停止接收信息。接下来,你可以尝试一些"自我关怀"的行动，比如出门晒晒太阳，双手环抱自己，把注意力转移到小腹，感受自己的呼吸，或者好好地洗个澡，和喜欢的人交谈，看一场沉浸的电影。这些微小的举动能够最大限度地让你感知和放大自我的存在。

另一种做法是积累自己的"情绪急救包"。我们可以在平时自我感觉较好的时候记录生活中的小进步和小惊喜，在达成目标后，记录自己的做法，详细描述成功后的体验。当再进入过度比较的怪圈时，就可以把这些积极的体验从"急救包"里"取出"，闭上眼睛重新感受自我实现的感觉。熟练后你会发现，即使是细微的成就感，比如给自己做了一顿完美午餐的感受，也可以匹敌朋友的游轮旅行照片。

最后，当我们实在难以排解比较带来的痛苦时，可以求助那些真正理解和爱我们的人。我最近看到一位朋友的豆瓣广播，说有段时间他因为准备考试情绪不佳，有的朋友鼓励他"加油，你是最棒的"，有的朋友说"好好休息一下"，而真正治愈他的却是一句"没那么好也不要紧"。是啊！人生那么长，就算一时不如人，也不要紧啊！

如花在野
温柔热烈
　　自律不是6点起床，7点准时学习，而是不管别人怎么说、怎么看，你也会坚持去做，绝不打乱自己的节奏，这是一种自我的恒心。

顶尖高手强在哪儿

□李 翔

加拿大著名学者格拉德威尔写过一篇文章叫《失败的艺术》。他把导致失常的情况分成两种：第一种是惊慌失措，第二种是紧张失常。

为什么会出现紧张失常这种情况呢？心理学家说，这是因为人类在学习某件事时有两种模式。一种模式叫显性学习。举个例子，打篮球投篮，你要一步一步拆解动作，每个动作都要做标准，在教练的指导下，甚至通过回看录像的方式来不断练习，这就是显性学习。另一种模式叫隐性学习——你在练习了几次之后，动作越来越快，不假思索地出手，然后球进了。

但是，在压力非常大的时候，有些运动员会从隐性学习模式回调到显性学习模式。这时，他们每做一个动作，都要稍稍思考一下，然后就会失误频频。简单而言，"惊慌失措"是在压力状况下，你的反应没过脑子导致的；"紧张失常"是在压力状况下，你想太多导致的。

问题来了，为什么有些顶级运动员会在比赛时紧张失常呢？

西班牙网球名将纳达尔说过一句话，世界排名前一百的网球运动员在训练时看起来都一样。如果你只看他们的训练，没有办法判断谁能赢得比赛。顶尖高手们的相同之处是，他们都拥有很好的运动天赋、出众的身体素质，训练也都非常刻苦。只有比赛时的发挥，才把冠军、亚军、季军区分开来。

他们的差别究竟在什么地方呢？第一，越是顶尖的高手，越是技术流，越是重视细节。有时细节是成败的关键。第二，越是顶尖的高手，越享受训练。第三，比赛时，他们能专注在自己做的事情上。

有些优秀的运动员会在比赛中发挥失常，就是因为他们失去了情绪控制能力，开始过于关注对手，开始思考自己的一举一动会不会出错。

你得先提出问题，不然永远都没机会得到肯定的答案。

无 关

□倪 匡

一夕，众人聚会，忽然谈及一件事，有的人说关我事，有的人说不关我事，叫我过去问，究竟关不关我事。当时福至心灵，大声说："关我事不关我事，都不关我事。"闻者要定一定神，才理解这句话的意思，都觉得有一定的道理在里面。

能够真正地践行这句话，也不是容易的事。首先，即使不能看透世情，也要看穿六七分才行。什么人做了什么事，不关我事；什么人在背后说了什么话，也不关我事；什么人在公开攻击谁，也当没有这回事。为人若此，自然对一切可以处之泰然。

夜观星空，每觉宇宙浩瀚，觉地球之小，觉人生之无常。鸡毛蒜皮的小事，若是在心中一直认定关自己的事，真是何苦来哉。

且效古人之不关心，乐得逍遥。

> **如花在野**
> **温柔热烈**
>
> 生命并非一个发现的过程，而是一个创造的过程。你并不是在发现一个最终的你，而是在重新创造一个你。所以，别急于下结论"你到底是什么样的人"，而该先确定"你想成为什么样的人"。

构建习惯体系

□[美]詹姆斯·克利尔 译/迩东晨

人们很容易高估某个决定性时刻的重要性，也很容易低估每天进行微小改进的价值。

如果你每天都能进步1%，那么一年后，你将会进步37倍。相反，如果一年中你每天以1%的速度退步，你现有的任何东西会降到几乎为零。

你的体重是衡量你饮食习惯的滞后指标；你的知识是衡量你学习习惯的滞后指标；你生活环境的杂乱是衡量你整理内务习惯的滞后指标。所有这些，都是你日复一日、年复一年积行成习的结果。

如果你很难改变自己的习惯，问题的根源可能不是你，而是你的体系。坏习惯循环往复，不是因为你不想改变，而是因为你的改变体系存在问题。

你要做的是，不求拔高你的目标，但求落实你的体系。

如花在野
温柔热烈

觉得自己"朋友很少"，等于只将朋友视为一个"数据"。只要有人能理解自己，即便仅有一个，也是很棒的事。

三明治效应

□ 有 书

《西游记》里有这样一个片段：孙悟空在取经的路上和唐僧闹了矛盾，一气之下回了花果山。如果你是孙悟空的上司，你会如何跟这个"刺头"沟通，劝他回去呢？

如来佛祖用简单的三句话就说服了他。第一句："你这泼猴儿，一路以来不辞辛苦保护师父西天取经。"这是肯定了孙悟空保护唐僧有功。第二句："这次何故弃师独回花果山，不信不义？"这是批评了他这次弃师不顾的行为。第三句："去吧！我相信你定能发扬光大，保护师父取得真经。"这是提出期望和目标，激发孙悟空的斗志。

如来佛祖恰好用了心理学上的"三明治效应"。何为"三明治效应"？它是指人们把批评的内容夹在两个表扬之中，从而使被批评者愉快地接受批评的现象。

我们提出批评是为了解决问题，而不是发泄情绪。三明治式的"二加一"方式，很好地给被批评者留了面子，加上其某一部分的价值被看见了，批评意见便容易被认为充满了善意，也更容易被接受。

> 如花在野
> 温柔热烈
>
> 许多人错失属于他们的快乐，不是因为他们从没找到，而是因为他们没有停下来享受它。

我们是不是比古人更焦虑

□陆 地

张继在唐朝算不上大诗人，但《枫桥夜泊》让他名垂千古。张继写这首诗时，是非常焦虑的，从诗中看，他已经失眠了大半夜。"月落乌啼霜满天"这一句，说明月亮快要落了，但诗人还是睡不着。

诗人为什么焦虑到睡不着呢？

有人说是落榜返乡，船到姑苏城外停靠时有感而发；也有人认为这是无稽之谈，应该是当年发生"安史之乱"，士子们大都逃往江南躲避战乱，张继就是其中的南逃士人，那年秋天，他搭乘的船夜泊在苏州。

在唐诗和宋词中，"焦虑"是一种普遍性情绪，也是大量作品创作的缘起，很大一部分诗词中都有描写各种焦虑的情绪。

今人是不是比古人更加焦虑？从古今这个维度上是无法比较的，但人类的情感应该是一致的，焦虑总是与人如影相随，无论是古人还是今人，外界的"风吹草动"就是焦虑的源头，换言之，焦虑更多的来自外界的影响。

网上这样定义"焦虑"：是由于对亲人或自己生命安全、前途命运等的过度担心而产生的一种烦躁情绪。其中含有着急、挂念、忧愁、紧张、恐慌、不安等成分。它与危急情况和难以预测、难以应付的事件有关。

从这个角度来看，今人或比古人更焦虑。

不仅因为时代发展加快，每个人的际遇动荡，而且因为信息革命之后，信息传播极快，人们每天大量地接受各类信息的轰炸，比起古人，心境受外界影响的概率几何级地增加。而在古代就不一样了，"安史之乱"发生后，近一个月后江南民间才有消息，因为当时信息传播手段落后，信息传播路径狭窄，一些偏僻山乡，或许根本不知国家发生内乱了。

在陶渊明的《桃花源记》中，就描写了一种"信息传播闭环"现象，文中这样写道："自云先世避秦时乱，率妻子邑人来此绝境，不复出焉，遂与外人间隔。问今是何世，乃不知有汉，无论魏晋。"

陶渊明其实把医治焦虑的"药方"开了出来。你看历史中的大汉，风云变幻，战事不断，东汉末年三国又起，三大巨头在神州大地上斗得天昏地暗，你死我活，可人家一点儿都不知道。可见，接受外界信息或者选择性接受信息，自成一体，自给自足，人人都可以生活在自己的"桃花源"中。

古人可以凭借落后的交通和信息传播方式，构筑起一个物理层面的世外桃源，而对于现代人来说，是根本做不到这一点的。广播、电视、互联网，还有越来越细化的"网格化的社会管理模式"，让每一寸土地都处于"被管理"之中，信息在这些网格上流畅地传播着，谁躲得掉，逃得了？

在同一时间节点，若是在古代，一个生活在北方的人不知道一个生活在南方的人日子好不好。而现在不一样了，如果一个生活在北方的现代人开了一家饭店，月入1万元，他觉得非常幸福和美满了。但有一天，他一刷手机，发现在南方的城市里，一个在路边卖"煎饼馃子"的老人都可以月入万元的时候，他的幸福感一下子就崩塌了。

所以，现代人要筑起物质和精神上双重的"世外桃源"是不太可能的，或者说因为构建物质意义上的"世外桃源"的条件不具备，大大增加了现代人构建心灵上的"世外桃源"的难度。那些能真正摆脱焦虑的人，往往是一些善于认清传播本质，选择性接受信息的人，这需要一些精神上的"修行"。

我们所需要的"修行"又是什么？我觉得不过是守得住本心，忍得了孤独，耐得了寂寞。虽然简单，但要做到极其困难。网上有句十分流行的话："愿时光能缓，愿故人不散。"其实，故人必然会散，时光却是可以缓的，关键在于你能守住本心——面对信息"轰炸"，内心有所不动。

> **如花在野 温柔热烈**
> 你最悲观失望的时候，正是你必须鼓起勇气和建立信心的时候。你要深信：天下没有白费的努力。成功不必在我，而功力必不唐捐。

"摩擦力"帮你戒掉坏习惯

□向睿洋

我和很多人一样，有一些坏习惯，最困扰我的就是晚上刷短视频，躺在床上一刷就是几个小时。我也想养成一些好习惯，比如每天锻炼。为此我买了运动服、健身垫，却很少真正做些运动。

克服坏习惯、养成好习惯为啥这么难？是因为意志力薄弱、自控力差？问题或许出在"摩擦力"上。在物理学中，让物体不能顺畅运动的力叫摩擦力。在生活中，也有类似的"摩擦力"，让行为不能顺畅发生。

顺畅发生指的是不需要仔细思考，甚至不需要思考，我们就能下意识地做出某种行为。比如，正是因为短视频应用程序对你的观看喜好进行了学习，并且设置了自动连播，所以你想都不用想，就把视频一个接一个看了下来。这就是减小了继续观看的"摩擦力"。

如今，最懂得如何借助"摩擦力"来塑造我们的行为的是商家。不妨想想支付方式的变化。从前，我们使用纸币付款，从产生购买的想法，到实际成交，我们还有看到钱、数钱的过程供我们深思熟虑，决定是否真的要花钱。后来，我们刷卡支付，看不到钱，也不用数钱了，只有掏出银行卡的过程供我们做些思考。再后来，我们用手机支付，甚至很多商家和平台开启了免密支付，从产生购买想法到支付再无阻碍，"零摩擦力"让我们消费得更多。

产生"摩擦力"的因素往往很小，很容易被我们忽视，但它们产生的影响是巨大的。比如，影响健身房会员健身频率的一大因素竟然是家到健身房的距离。美国一家数据分析公司在分析了750万部手机的数据后发现，那些住在距离健身房六千米处的人，一个月至少去5次健身房，而那些住在距健身房八千米以外地方的人，平均一个月只去1次。两千米距离的"摩擦力"，就把经常健身的人和不健身的人区分开来。

距离带来的"摩擦力"还有更多的例子。比如，一个很有趣的研究发现，在美国的中式自助餐厅里，那些有肥胖问题的顾客总是选择离取餐区近、面对取餐区的座位，而身材苗条的顾客总是选择离取餐区远、背对取餐区的座位。有肥胖问题的顾客无意中减小了加餐的"摩擦力"。

我们要想养成好习惯，自然而然地做出锻炼、早睡早起、读书等好的行为，就需要做好一切准备，让它简便易行。例如，如果我真的想养成每天锻炼的习惯，我就应该把健身垫铺在地上不收起来，并且每天回家后不是换上睡衣，而是直接换上运动服。要克服坏习惯，就要让它难以施行。

你可能没有意识到，商店里只有柜台能售烟的规定，对于禁烟有很大帮助。如果一个烟民想买烟，他不得不到柜台和售货员交谈，还必须隔着一段距离告诉售货员想买的烟是哪一款。想一想，如果人们能在货架上自由选购，后果会怎样？

如今很多人都有手机依赖症。我有个朋友，每天回家后便把手机放在客厅，自己在卧室里看书或写作，他告诉我，克服手机依赖症真的没有那么难。

当不好的事情发生时，你有三个选择：你可以让它定义你，也可以让它摧毁你，还可以让它激励你。

理想主义者是世界上的盐

□何怀宏

很多人总是被告诫：不要太理想化，要实际一点儿。

如果理想主义者的理想涉及整个社会，而他们所采取的手段又很激烈，他们对这一理想的实践很可能伤害到他人。但是，如果理想主义者的理想只涉及自己，一般来说，他们不管怎么做，都是可以的。

无论如何，这世界的变化，大都是由理想主义者带来的。没有他们，我们会生活在一个远比现在要单调得多的世界。他们常常是知其不可为而为之。正是由于他们，许多本来大家都觉得不可能的事情变得可能了。

在这个意义上，理想主义者是可珍贵的，他们是世界上的盐。

理想主义者可珍贵的另一点在于：他们往往超越了利害考虑。如果所有人都只知道利害，那也是够乏味、够让人沮丧的。

理想主义是一种激情，是一种精神的火焰。我们每个人心里可能都藏有或大或小的这样一团火焰，即使我们足够冷静和明智到并不会将之全都付诸实践——这常常是有道理的，我们也应当珍惜它，不要泯灭它。并且，我们还应当学会理解和敬仰那些用理想点亮和燃尽了自己生命的人。这有时显得异常重要。

> 如花在野 温柔热烈
>
> 当你生活在一个平淡无奇的地方，你可以选择的是以何种方式看待你所处的世界。

经得起小事

□草 予

作家林语堂说，构成人生的往往都是小事，大事则少而经久不见。

迷恋再久的城市，可能一点儿小事就可以败坏你所有的好感，而产生这样的好感需要经年累月的沉积。一个人的泥沙俱下你可能会全然接受，但往往只是一件小事就会让你决意离开他。令人如鲠在喉的，都是小事，而小事往往是可以燎原的星火。虽只是小事，却可以给我们心动或者逃离的理由。

荣与枯，都是成长；盛与衰，皆是往事。当你开始思考生命的意义，生命就已经拥有它的意义。而当下，就是意义所在，即便只是些小事。唯有宽和、原谅、担当，才能让小事不败于时日绵长。

途经一座城市，夜幕里它许我的是鼎沸的蛙鸣。尽管时值清明，那蛙声却乘风破浪而来，把月光和夜色以及醒着的人都吵得彻夜难眠。城市，不再点豆种瓜、插秧播麦，但城市里的人，依旧需要相信丰年。而我，和这座城市里的人一样，乐意听取。正是这一片蛙鸣，唤醒了我对这座城市遗失的好感。

对一个人来说，可贵的是，经得起大事，亦经得起小事。

如花在野
温柔热烈

先讲对方想听的，再讲对方听得进去的，最后讲你该讲的，以及你想讲的。

时间就是金钱？这可不是什么好事

□周欣悦

我们从小就被教育"时间就是金钱"。这样教育我们的人希望我们更加珍惜时间，不虚度光阴，但这不见得是好事，因为已有一些研究发现，"时间就是金钱"这种心态会让我们变得更加不幸福。

现实生活中，有一些人确实会深刻地体会到"时间就是金钱"。有个词叫作"时薪"，指工作1小时平均能赚到的薪水。比如钟点工、心理咨询师、律师或者一些自由职业者，他们的报酬就是按时间计算的。对这些人来说，时间真的就是金钱。当然，对那些从来没有领过时薪的人来说，一旦拿起计算器换算一下自己的时薪，他们也会和领时薪的人一样，视时间为金钱。

研究者就考察了这样一些拥有"时间就是金钱"心态的人。结果发现，当人们把自己的时间换算成金钱之后，一个重要的改变就是更不愿意陪伴家人和朋友，更不愿意帮助别人。比如美国的律师，他们通常都是按照工作了多少小时来计费的。波士顿大学法学院的教授卡威尼发现，时薪制使得律师把自己的时间当成金钱，更愿意花时间去工作，而不是陪伴家人、朋友或者参加社区活动。

斯坦福大学的德沃也发现了类似的情况，把时间换算成金钱会让人们更加不愿意去参加志愿活动，帮助他人。也就是说，当意识到自己的时间可以换取多少金钱后，人们对待时间的方式会发生很大改变。

不妨设想这样一种情境。你找到了一份兼职，每天在手机上审核用户上传的视频，每审核1小时就得到50元。有一天晚上，一个老朋友来找你叙旧，一聊就是3小时。这时你可能就会觉得，这3小时本来可以用来工作，等于今天损失了150元。当开始这么计算时，你就会斤斤计较，不愿意将时间花在不能产生经济效益的事情上。

这种把时间当成金钱的思维对人们的身心产生了许多负面影响。忙着用时间换金钱让人们逐渐减少了与家人、同事之间的交流，社会关系也逐渐变得生疏。已经有大量的研究表明，社会关系才是幸福感的源泉，那些幸福的人和不幸福的人，最大的区别就在于是否拥有亲密的社会关系。

斯坦福大学的研究者在一篇文章中指出，那些习惯于把时间当成金钱的人，承受着更大的心理压力。这种心理压力导致他们唾液中的肾上腺素水平比普通人高出23.53个百分点。肾上腺素水平是衡量压力大小的一项重要指标，长时间的工作压力会让人体缓慢、长期地分泌肾上腺素，而这会导致许多心理疾病与生理疾病，比如焦虑症、高血压等。所以，过于强调时间的经济价值，会让人在心理与生理上都处于亚健康状态。

把时间当成金钱，固然会让你更加珍惜时间，不会碌碌无为。但是这种心态也会让你把自己的时间榨干去赚钱，导致你不愿意花时间去做那些更有意义但是没有短期利益的事情，例如与朋友相处，帮助他人，享受欢乐的家庭时光。这种心态会损害你的幸福感，也会增加你的压力，让你的身心都变得不健康。因此，你需要把自己从"时间就是金钱"的思维中解脱出来，"偷得浮生半日闲"。

> **如花在野 温柔热烈**
>
> 城里的孩子见过高楼大厦，乡下的孩子见过满天繁星——所谓世面，不过是世界的一面。

"不如弗知"的趣味

□王厚明

"不如弗知"这句话,源自清代的《宋稗类钞》。这段史料讲的是,宋朝的吕蒙正刚被提拔为参知政事,第一次以新身份和同僚一起上朝,人群里有位朝官指着他说:"这小子居然也能当参知政事?"吕蒙正装作什么也没听见,不动声色地走了过去。其他同僚发现有人藐视吕蒙正,就要去查明说话者的身份、姓名,吕蒙正连忙制止。早朝结束后,同僚们仍然为吕蒙正打抱不平,后悔当时没有追究查问。吕蒙正却说:一旦知道了姓名,就永远不会忘记了,所以不如不知道为好。

不少人认为,这是吕蒙正心胸宽阔,气量大。其实,也并非完全如此。毕竟,他能洞察人性的弱点,深知人非圣贤,喜怒爱憎、报恩记仇是人之常情,一旦知晓谁非议了自己,难免会耿耿于怀。不与之计较而减少很多烦恼,这才是吕蒙正睿智高明之处。

与"不如弗知"态度相对的是斤斤计较、睚眦必报。遭遇极小的不平和怨恨,也一定要深究和报复,自戕互害是必然的结局。因此,能否"不如弗知",往往是评价一个人心态与价值观的一项标准,倘若把持不好,就会打开烦恼和祸端的"潘多拉魔盒",令人追悔莫及。如此看来,"不如弗知"不仅是一种处世之道,更是一种人生智慧。

"不如弗知"潜藏着趋利避害的冷静。作家周国平说:"人生的许多痛苦,都源自盲目较劲。"面对不敬,不去深察细究、计较一时,其实是看清了潜在的祸患和伤害,能明辨利弊得失,懂得及时止损,不让外部的挑衅和诱惑干扰更重要的追求,打乱自身发展的节奏。否则,一味纠缠不清,只会收获垃圾情绪,因小失大而得不偿失。

"不如弗知"还蕴含放下是非的清醒。人的一生，难免会碰到很多不顺心的事，对于不公正的待遇、不友善的态度、工作上的不配合、生活中吃的亏，等等。如果一味较劲较真，这些很容易成为心中的负累。《菜根谭》中说："风来疏竹，风过而竹不留声；雁渡寒潭，雁过而潭不留影。故君子事来而心始现，事去而心随空。"对待无法避免的是非，坦然释怀，学会放下，才能不乱于心，不陷于害。

　　"不如弗知"更彰显了不纵人恶的责任。为人处世，重要的是不锱铢必较，不事事苛责挑剔，不与认知悬殊的人意气相争，不给他人放纵低俗、滑向丑恶的机会，这何尝不是一种善意和教诲。

　　其实，"不如弗知"并非不知，而是先知了人性弱点，预知了风险隐患，深知社会责任，不再去纠缠是非、计较得失，从而追求心无挂碍、神聚正道的崇高境界。

如花在野　温柔热烈

　　有一个人因为爱听泉水的歌声，便把泉水灌进瓦罐里，藏在柜子里。世界上有很多东西，一旦你试图占有，它们就不存在了。

命名的焦虑

□周毓之

有段时间,我发现自己陷入了一种命名的焦虑。在路上遇见一种美丽的花,就会急于知道它的名字,否则心里就有一种莫名的不安。好在现在有很方便的手机小程序,可以拍照上传,辨识其名。有时也会出错,但大致还是可靠的。

细细想来,这可能还是一种占有的心理。命名,归类,存入记忆库,似乎就以某种形式占有了这种美丽的花,比如蜀葵、夹竹桃、铃兰、木棉……下次遇见,就从记忆库里打开一个文件夹:花卉。再打开一个文档:蜀葵,属锦葵科,原产于中国,因最早发现于四川,故名"蜀葵"。细细地观察与品味,倒在其次,甚至干脆跳过了。比如初次遇见的那朵蜀葵,它的颜色、轮廓、气味,与我眼前的这朵有什么细微的差别?眼前的这朵,正在盛放;而旁边的那朵,却还在含苞状态;地上则已有落英缤纷。细细看每一朵,都各有不同。

诗人于坚曾写过一首短诗:"一匹马跑过草原/被诗人捉住/关进形容词的马厩里/骏马/死掉的马。"我们也可以如此仿句:"一朵花开在路边/被我捉住/关进名词的记忆库里/蜀葵/死掉的花。"如此咬文嚼字,当然并非要否定植物分类和命名在学术研究和日常生活中的必要性。孔子也早就指出,读《诗经》可以"多识于鸟兽草木之名""名不正,则言不顺;言不顺,则事不成",可见其对"名"之重视。但对人或物之"名"的重视超过了其本体时,我们就会成为英国作家卡内蒂笔下的"盲人",对本体之美视而不见。

这位1981年诺贝尔文学奖得主有本非常特别的小书《耳证人》,描述了五十种极端性格。其中有一则《盲人》,描述了这样一种人:"盲人天生并不盲，但他花一丁点儿力气就变盲了。他有个照相机，他到哪儿，哪儿就有它，他的享受是长闭眼睛。他走路如同睡觉，什么都还没看见就给什么拍照，因为以后全都一景连着一景地摆在那儿，一般儿小，一般儿大，一律方形，裁边整齐，加上命名，编上号码，已被证明，可加出示，那时毕竟看得更清楚。"

我们看见一朵花，心里默念出它的名字，似乎就完成了观赏，以为自己已拥有了这朵花的美，其实也等同于将一个又一个独特的生命个体编码分类，储存进自己这个移动硬盘。打开的感官、柔软的心灵，都变成了"硬盘"，钝化固化格式化，秩序井然，整齐划一，却失去了原有的丰富与灵性。这大概也是我们在这个大数据时代不自觉的"异化"。

"玫瑰即使换了一个名字，也依然芬芳。"《罗密欧与朱丽叶》中的经典台词，提醒我们放下命名的焦虑，沉醉于眼前花的芬芳。至于它的名字，已经不那么重要了。

如花在野 温柔热烈

人生的追求，我们可以将其分为三重境界：第一重境界是得到我们想要得到的；第二重境界是在得到之后能够享受已经得到的；第三重境界是在适当的时间能够放下想要得到或已经得到的。

痛苦的时候,请把自己当外人

口陈禹安

遭遇重大的人生困境时,你会如何化解内心巨大的痛苦?中国人特别推崇的一种方式是内省。曾子说:"吾日三省吾身。"孟子说:"行有不得,反求诸己。"美国心理学家伊桑·克罗斯提出了一个颠覆性的观点:过度内省非但无助于缓解痛苦,反而会加剧痛苦!

从心理学的角度来看,内省式的自我对话,是情绪平复及创伤整合的过程。一般程度的痛苦,经过几轮自我对话也就烟消云散了;而巨大的痛苦,会引发一轮又一轮的喋喋不休,这相当于持续不断地打击自我,削弱自我,让自我丧失应对困境的勇气与能量。

克罗斯在一次与痛苦做斗争的经历中偶然发现,直呼自己的名字,把自己当作别人去展开对话,有助于缓解痛苦。例如,"伊桑,你在做什么?这简直是疯了!"像和别人说话一样称呼自己,让克罗斯在心理上立刻退了一步。突然间他觉得自己能更客观地关注自身面临的困境了。

在这句发挥神奇作用的话中,"伊桑"是第三人称,"你"是第二人称,当他使用这两个人称取代"我"这个第一人称和自己沟通时,自己和自我之间的情感距离扩大了。这等于将自我抽离,从而更理性地面对问题。

在一项实验中,心理学家让一群孩子假装自己是在执行一项无聊任务的超级英雄,有一部分孩子在实验中会被要求从自己所扮演角色(如蝙蝠侠)的角度来谈感受,另一部分孩子则需要从"我"的角度来表达感受。结果,"蝙蝠侠们"比"我"能让孩子在实验中坚持更长时间(承受更长时间的压力和痛苦)。

扮演超级英雄,就是把"我"变成了"蝙蝠侠",那么,压力和痛苦就是"蝙蝠侠"而非"我"能承受的,"我"自然会好受得多,更能忍受乏味的任务。

我们所提倡的内省聚焦于自我动机、行为和责任。越是内省,越会突出自我作为承担一切的主体。但如果你的"自我"尚没有那么强大,心理能量不足以应对巨大痛苦,要硬撑,往往会心理崩溃。这时,请不要急于内省,你可以试着放下"我执",把自己当作别人来看待。等痛苦缓解、自我变得强大后,再来做一番内省,更好地提升自己。所以,痛苦的时候,请把自己当外人。

> **如花在野 温柔热烈**
>
> 生活不会向你许诺什么,尤其不会向你许诺成功。它只会给你挣扎、痛苦和煎熬的过程。所以,要许给自己一个梦想,之后朝着那个方向前进。如果没有梦想,生命也就毫无意义。

知识半衰期

□陶 琦

近年很流行一句话:"时代抛弃你的时候,连招呼都不会打一声!"这句话蕴含两层意思:一是陈述当今的技术发展日新月异,时刻都有新的发现和进步,对此并不敏感的人,很容易被淘汰。二是现代人需要学习的东西越来越多——"知识半衰期"越来越短,如果总想守着旧知识吃老本,生存空间会越来越窄,就像美国专栏作家蕾切尔·努维尔说的:"在沦为历史那一瞬,并没有留下巨响,只是发出呜咽。"

过去之人,恐怕很难想到知识也有着"半衰期"。美国科学哲学家托马斯·库恩提出的"范式转移"概念,可对此进行解释:当今学术领域出现新成果的速度越来越快,只要某个新发现打破了原有的假设或法则,相关人士就要及时对本学科的许多基本理论做出根本性的修正,才能与新理论适配。若是脱离圈子的时间太长,就再也跟不上了。

为何有些人进入"知识半衰期"也不自知?懈怠、画地自限的心态,是重要原因。随着年龄的增长,人的雄心和期望出现收缩。曾有的经历、思想、行为选择和回忆汇聚到一起,形成一个自我思维网络,很容易以常识取代知识。实际上,处在时代的新形势下,原来的常识已经不够用了。

当今的大数据技术也导致很多人的知识和见闻被框定在极其狭窄的范围内,"知识半衰期"更是可以用天或小时计,有时到了第二天,之前从推送的信息里学到的东西就毫无价值了。

应对这一状况,只能反其道行之,因为真正的知识都是要下些慢功夫才能得来的。除了活到老学到老,网络也不是唯一的求知途径,只有系统和沉浸式的学习,才能避免自己掌握的知识过早进入"半衰期"。

失败不是终点,放弃才是。

第三辑

懂得自律,
让选择权属于自己

饶舌的资本

□平原马

人活到一定岁数，就不敢轻易臧否他人了。不敢，不是要四平八稳地做老好人，也不是想世故成一只老妖精。只是因为活到最后明白了，轻易说人好坏，于人于己，都显得那么轻率。

资历越深，不是资格越老，而是资格越少。因为曾经笑话过他人的，在自己身上业已发生；曾经责难过别人的，也已被别人责难。从众多是非中风一程雨一程走过来，自会懂得被人说是非的凶险和寒凉。将心比心，于是，自己没了饶舌的资本。

人只有在看清自己之后，才能在别人那里平静下来。年轻的时候嘴上不把门，爱论人短长；上了年岁，就会多些谨慎，少些武断。这是理性对人性的胜利，也是年老对年轻的诚恳道歉。

一个人老了还不着调，一定会表现在说话不靠谱上。老了，若不持重，就会失之轻浮。其实，做到持重也很简单，不说或者少说，就是优雅，就是得体，就是岁月赠予的成熟。

一个不曾用自己的脚在路上踩下脚印的人，不会找到一条真正属于自己的路。

欲望设计者

□ 狄 青

一个搞网游设计的朋友对我说，设计游戏的关键是要"设计欲望"。比如，游戏原本是需要一点点过关的，可当你发现，有些关口花点小钱即可畅通无阻，原本只是"玩玩"的你，便也有了"称王称霸"的想法。

欲望还表现在游戏的反馈机制上，随着游戏的进展，代表经验值的进度条会增长，它时刻提醒你：你变得比上一秒更厉害了。不管是"等级""熟练度"还是"成就"，进度条的反馈无所不在。你在生活中或许是弱者，但在游戏里你成了无所不能的强者，游戏成了实现你"强者欲望"的捷径。

人性的弱点往往表现在总是被欲望牵着鼻子走。我们所看到的不是欲望得不到满足时的打拼，就是欲望被满足后的挥霍。我们是被欲望作用的客体，更是产生欲望的主体。与其说我们被"欲望设计师"设计，不如说我们对欲望的把控能力越来越弱——什么愿望都想立马实现，只争朝夕……

面对欲望，有哲人很早就提出，要学会忍耐，要有一种力求获得更大目标和更大幸福感的能力。其实，就像剧作家阿瑟·米勒说的："在这个相信一切都有捷径可走的欲望年代，我们应该学习的最了不起的一课是，从长远观点看，最困难的道路也是最容易的道路。"

只有看星星的人，才会被天空注视。

苏轼的"笨功夫"

□陆春祥

宋代陈鹄的笔记《耆旧续闻》，记载了苏轼抄书的"笨功夫"。

朱载上曾经做过黄冈的学教。那时，苏轼正被贬黄州做团练副使，他们俩还不认识。有一天，苏轼听到一个人在诵诗："官闲无一事，蝴蝶飞上阶。"他一惊，这诗不错嘛，忙问："谁作的诗呀？"那人答是朱载上，本地的学教。苏轼称赏再三，认为诗写出了幽雅的趣味。

朱载上听说苏轼赞他，第二天就去拜见苏轼，一见如故。此后，朱载上就经常去苏轼家里坐坐。

某天，朱载上又去了苏轼家，通报名字进去后，苏轼很长时间没有出来，朱载上左右为难，想走，却已经通报进去，只好干等。又过了好一会儿，苏轼才出来见客人，他对朱载上连连拱手："不好意思，抱歉抱歉，刚才，我正在做日课，就是每天要完成的功课，所以迟了。"

两人坐下来，聊东聊西，朱载上好奇地问道："刚才先生说的日课，是什么内容呀？"苏轼答："抄《汉书》。"朱问："凭先生的天才，开卷一看就可以终身不忘，哪里还用得着抄呢？"苏轼笑笑："不是这样的。到现在为止，我已经抄过三次《汉书》了。第一次读，我在一段文章里抄三个字；第二次读，在一段文章里抄两个字；这一次读，在一段文章里只抄一个字。"朱载上听此，立即起身，对苏轼作揖道："先生能不能让我看一看您抄的东西呀？"

苏轼回头，吩咐老兵从书桌上拿来一册。朱载上接过一看，都是各种互不关联的字，不知道是什么意思。苏轼又笑笑："您随便说一个字。"朱载上就随便说一个字，苏轼立即背出那段文章，无一字差错。朱载上又试了好多个字，苏轼都能极熟练地背诵。朱载上感慨良久："先生真是天上贬到人间的神仙呀！"

朱载上这样教育他的儿子朱新仲："苏轼天才尚如此发奋读书，我们才质居于中等之人，哪有不勤奋读书的道理呢？"朱新仲也曾以苏轼的事例教育他的儿子朱辂。这里不想说苏轼苦读的精神，只说一下他的读书方法。

后人没看过他摘的字，但我想，不外乎以下几种：一如《论语》之类的起首法，《论语》二十章，每章的章句，皆取其首句两字，如"学而""阳货"等，看到就能联想；二是摘取每一节文字里与主要情节或主要事件相关联的字，看到它们就能马上想起这一段；三是记他特别有印象的字词，有实词，有虚词，有人名，有数字，反正这些字和他的整体阅读有关。古书的句读，要自己点，阅读的时候，哪一些字印象深刻，能串联起整体，就记哪些字。总的来说，他是提纲挈领，记关键词，他认为关键的词。

对照苏轼的"日课"，不要说"日抄"，我"日读"也做不到。但那些经典，是需要"日读"的。欧阳修这样点拨我们：《孝经》《论语》《孟子》《易》《尚书》《诗》《礼》《周礼》《春秋》《左传》等，以常人的天资为标准，日读三百字，不过四年半就可读完。稍微愚钝一点儿的，日读一百五十字，那九年也可以读完。是的，日累月积，所蓄自富。

苏轼的"日课"，特别适用于经典研读，选一两本书，和它们耳鬓厮磨，日久生情，记忆深刻，永远不忘。

翻鲁迅日记，他也抄过不少书，《释草小记》《茶经》《五木经》《唐诗叩弹集》，甚至还抄《康熙字典》。许多成功者，都抄《古文观止》，抄《文心雕龙》，抄《史记》，抄自己心仪的经典。

苦功显示方法，方法寓于苦功。聪明人的聪明办法，往往遭人耻笑；聪明人的笨办法，常常让人惊叹。

惯性自律 逆转开局

没有不可治愈的伤痛，没有不能结束的沉沦，所有失去的，会以另一种方式归来。

间歇性努力，不是真正的努力

□芦屋主人

收到一个很久没见的朋友的邀请卡，她的孩子要举办个人钢琴演奏会，地点在一家很有权威的音乐厅。我不禁大吃一惊。记得几年前我们几家的孩子们差不多同时开始学钢琴，我们的孩子虽然一直在学，但都是三天打鱼两天晒网，而这位朋友的孩子却坚持了下来。

这位妈妈说，她家孩子不是很有天赋的那种，但细水长流，每天坚持，就有很大进步了。我们去看了孩子的演奏会，以前有点害羞内向的他在台上弹奏得行云流水、淡定自如，和以前判若两人。一直坚持除了带来价值感，还带来自信。

我们有时会问自己，我明明很努力了，为何还是不成功？我一直没放弃过，为什么就是没效果？道理很简单，坚持每天学一点儿和时断时续地学，效果真的很不一样。

间歇性努力，相信很多人都能举出好几个例子来。比如，办了张健身卡，一开始仿佛打了鸡血似的，哪怕冒雨都要去。去了一阵子，体重真的减下来几斤，于是开心地犒赏自己一餐美食。接着出去度了几天假，体重又回到原来，甚至更重了。这时，你会有一万个借口不去健身，然后激情降温，觉得减肥好难，零零星星又去了几次，卡到期了。但你感觉自己一直在做这件事啊，明明很励志很努力，怎么就没效果呢？

同样的例子还有我的学英语之路，那是真的从没放弃过，直到现在还在学呢，算起来，也有十几年了……从大学毕业起，为了提高口语，我报了无数个培训班。记得当时白天上班，晚上还顶着呼呼寒风，手上抓着食物，匆匆赶去学英语，可以说很努力了。只是，和健身一样的命运，努力总有一段时间会停下来。

如果说一点儿都没进步那也不对，确实进步了，从以前的入门到现在的初级阶段，能用口语简单交流了。但这么一点儿进步居然用了十几年时间，中间荒废了多少时间和金钱。如果当初我一直坚持下来，哪怕每天几个单词地硬背下来，现在也有一万多的词汇量了。

　　真正的努力是不间断地、坚持不懈地做一件事，直到把它做好做精。为什么间歇性努力的效果没那么好？因为你的每一次重复都是一次新的开始，导致深入度不够，要花很长时间去温习之前学的。而在学新知识时，又会停下来一段时间，这样不断重复，看起来似乎没放弃过，却一直在原地踏步。有句话说：若有恒，何必三更眠五更起；最无益，莫过一日曝十日寒。意思是说：如果有恒心，又何必每天起早贪黑；最不好的是，做一天，歇十天。

　　间歇性努力和持久坚持其实只有一步之遥，但结果可能是一百万步的差距。所以，当你找各种借口想要停下来时，请告诉自己，再坚持一下，都已经努力这么久了。只要不停下来，我们就离成功不远了。

> **惯性自律 逆转开局**　　正如恶劣的品质可以在幸运中暴露，美好的品质也可以在厄运中显现。

原来我和达·芬奇患了同样的"病"

□宋石男

拖延症是困扰许多人的问题。不过,我要先讲几个关于拖延症的有趣故事,好缓解一下拖延症患者的焦虑。

第一个故事的主角是达·芬奇。众所周知,他是百科全书式的天才,但很少有人知道,达·芬奇有严重的拖延症,《蒙娜丽莎》画了15年都没画完,只是未完成品。此画尺寸并不大,而另一位文艺复兴时期的巨人米开朗琪罗,只用4年就完成了西斯廷教堂的壁画,面积是1100平方米。达·芬奇承认自己有拖延症,临终前还为他留下了这么多未完成的东西致歉。

诗人拜伦和王尔德的偶像——英国剧作家理查德·谢里丹同样是重度拖延症患者。他曾答应创作喜剧《造谣学校》,然后一直拖稿,直到演出那天仍未完成。观众已经蜂拥而至,怎么办?据说,谢里丹让演员立即开演,他在演出的同时继续写剧本。被逼到绝路的拖延症患者终于爆发出巨大的能量,新鲜出炉的台词如雪片一样飞往演员手中,直到谢幕。

美国著名经济学家乔治·阿克尔洛夫也是严重的拖延症患者,他饱受困扰,于是决心研究自己的拖延症,写出了从拖延角度研究经济学话题的著名作品,后来他还获得了诺贝尔经济学奖。

以上故事的主角,都非凡人,而我们大多数人的拖延症,带不来名画、名剧或者诺贝尔奖,只会让我们愧疚和焦虑,因此有必要努力治愈它。避免拖延,我的经验只有八个字:要么拒绝,要么开始。

拖延症会让我们听凭自己被奴役。要摆脱这种奴役,只能依靠意志力及基于意志的选择:如果觉得某件事没有价值,那一开始就果断拒绝;如果觉得某件事有价值,那就狮子搏兔,全力以赴。

一个人的行走范围就是他的世界。

门前溪一发，我作五湖看

□ 明 川

"一发"是最小境界，"五湖"是广大境界。能把一发溪水，当五湖般观看，那个"作"的功夫，就不等闲。千万不要以为是"做作"的"作"，也不要残忍地理解为"自我欺骗"，而是处于狭窄局促的现实里，心境的恒久广大。

在荒谬的世代，净土何处？五湖何处？谁能天天安躲于净土？谁能日日浪游于五湖？于是只有"作"了。

心境是自己的，可以狭窄得杀死自己、杀死别人，也可以宽广得容下世界、容下宇宙。是忧是乐，由人自取。市尘蔽眼处，我心里依然有一片青天；喧声封耳地，我心里依然有半帘岑寂。狭如一发之溪，能作五湖看，则对现今世界，当作如是观。

惯性自律 逆转开局

拖延的最大坏处还不是耽误，而是会使自己变得犹豫，甚至丧失信心。不管什么事，决定了，就立刻去做，这本身就能使人生气勃勃，保持一种主动和快乐的心情。

李渔的老虎

□ 三　白

明崇祯十四年（1641年），三十一岁的李渔遇上了一件新鲜事。

这一年，汤溪县县令瞿萱儒送给他一只活老虎。

瞿萱儒，名鸣岐，四川人，崇祯十一年（1638年）任金华通判，崇祯十三年（1640年）升任金华同知。同知为知府副职，正五品，负责掌管地方盐粮、捕盗、江防、水利，以及清理军籍、抚绥民夷等事务。第二年，汤溪县县令空缺，暂由他兼任。李渔是名噪一方的"五经童子"，二十五岁中秀才，二十九岁乡试落榜，便留在金华复读备考，其间结识了不少官场中人，瞿萱儒便是其中之一。可瞿萱儒为什么要送一只老虎给李渔呢？

说来也巧，这一天，李渔从金华回兰溪，途经汤溪，顺道去拜访新上任的瞿县令。恰好遇上当地山民捕获了两只幼虎，用笼子装着献给县令当宠物。瞿县令见到李渔，当即送了一只给他。李渔也觉得新奇，长这么大还从来没见过老虎长什么样，况且还是活的。虽然老虎幼小，看上去牙齿都还没长齐，爪子也不锋利，但一张嘴，吼声震天，让人听了胆战心惊。李渔想着带回去让家乡父老长长见识，不料从汤溪到他家，四十五里路，原本半天就能到，竟走了三天三夜。为什么？因为沿途每经过一个村庄都被村民拦住，全村人轮流来看虎。

那时候的汤溪山林茂密，常有虎出没，那里的山民勇猛善搏，经常有猎户擒到老虎献于衙门公堂。所以那里的人平时见多了死老虎，但很少看到活虎，除了猎户。一般的山民见到活虎之日也是葬身之时，听见虎啸逃都来不及，哪还顾得上看它一眼。李渔的到来满足了沿途村民的一个心愿，他们都想看看吃人的老虎到底长什么样。有人为了模拟老虎捕猎的场景，甚至从家里牵来小猪小羊，投入笼子里，看老虎怎样撕咬。老虎虽幼，却天生一副王者之相，一声啸吼，声震屋宇，羊啊猪啊都被吓蒙了，乖乖葬于虎腹之中。围观者又惊又奇，想象老虎吃人的惨状，不觉后怕。

李渔这一路很是风光，遇村必留，留必有酒肉款待。人还没到家，周边十里八乡已经传遍，早早地等在他家看老虎，又暗又潮的泥瓦房里挤得水泄不通。还有一些富贵人家的小姐因为不能观看而遗憾，便叫家人送来请帖，请李渔带着活虎前去巡展。书生李渔好像一下子成了族中荣耀，这让他既生气又好笑，还无可奈何。

李渔在《活虎行》中写道："家住深山来远亲，不是知交亦相识。人以为荣我独羞，身不能奇假奇物。纵使凤凰栖我庭，麒麟駓虞产我宅。彼自瑞兮何与吾，丈夫成名当自立。"古人云，三十而立。三十一岁的李渔乡试落第，不能以自己"立业"来吸引别人的眼球，只能靠一只老虎来刷存在感，这对他是一种莫大的耻辱。这件事占用了李渔大量的时间与精力，让他无法专心做功课，于是李渔索性在村里的伊山上放虎归山。

> **惯性自律逆转开局**　沟通，80%是倾听，20%是表达；90%是尊重，10%是方法。无论是一个家庭，还是一家企业，80%以上的事与沟通有关，80%以上的障碍是沟通不畅导致的。

拒 绝

□善 俊

在古代，有些权贵喜欢饲养鹰犬。这种鹰犬不是普通的鹰犬，而是猎鹰、猎犬。《新唐书》中有这样一段记载："元吉喜鹰狗，出常载罝三十车。"说的是唐高祖的儿子李元吉，非常喜欢饲养鹰犬，出城狩猎时，需要带着浩浩荡荡的"鹰犬队伍"。这还不算，他用来狩猎的猎网，时常都在三十车以上。他还对旁人说："我宁三日不食，不可一日不猎。"

古代帝王也多好狩猎，宫廷内还设置了"鹰坊"，即专门负责饲养猎鹰的官署。唐太宗李世民早年征战四方，在马背上东征西讨，对打猎尤其喜好。不过，登基后，唐太宗担心狩猎会耽误办公时间、影响政务处理，便不再打猎了。

唐太宗手下的大将李大亮是京兆泾阳（今陕西泾阳）人，后来因为军功，升为凉州都督。有一次，唐太宗派一名使者去凉州公干。使者到了之后，大肆搜寻新鲜事物、珍奇特产。终于，他在当地找到了一只品种上佳的老鹰，便委婉地对李大亮说："这只老鹰真是难得一见的好品种啊，用来打猎再合适不过了。"过了一会儿，他补充道："说到打猎，皇上以前也非常喜欢，只是现在很少看到了。你说是不是因为缺少好猎鹰呢？"

显然，使者是在暗示李大亮将这只品种上佳的老鹰进献给唐太宗。面对使者，李大亮不置可否。之后，他没有给唐太宗送猎鹰，而是给其送去了一封密表。

在密表中，李大亮先陈述了这件事情的经过："近日，陛下派来的使者在凉州替您选了一只猎鹰。"接着，他表达了疑惑："可我听说，陛下很久之前就不再打猎了，这件事大家也都知道。所以，微臣现在想不明白，朝廷派来的使者为何还要替陛下挑选猎鹰。"

最后，李大亮说出了看法："如果这件事是陛下的旨意，恐怕就违背了您当初拒绝狩猎的宗旨和原则。如果是使者自己的主意，便说明这次的使者选派得不太恰当。"

别看李大亮是行伍出身，可他有勇有谋。在写给唐太宗的密表中，李大亮思路清晰、有条不紊，极富艺术性地阐明了自己的观点，又起到了规劝的作用：规矩是您自己立的，如果您授意使者来要鹰，那就是破坏了自己的规矩；如果是使者的意思，就说明这个使者不懂事，把您的规矩破坏了。

后人把李大亮劝谏唐太宗的这件事称为"因鹰谏猎"。唐太宗看了李大亮的密表，十分欣慰。于是，他给李大亮回了一封信，对他拒绝给自己送礼的行为表示了高度肯定与赞扬："有臣如此，朕何忧！"

同时，唐太宗还送了两件礼物给李大亮，一件是胡瓶，一件是东汉史学家荀悦所著的《汉纪》。唐太宗对李大亮说："古人称赞语言可贵时常说'一字千金'，我现在赏赐一只胡瓶给你，虽然它没有千金的价值，却是我日常所使用的爱物。"在唐太宗的心中，这只胡瓶就如同李大亮的那番话一样，是无价的，是不能用金钱来衡量的。

至于《汉纪》，唐太宗解释道："荀悦说理博大精深，穷尽治国方略，望爱卿好好研读品味。"可见在唐太宗的心中，正直不阿、敢于劝谏自己的李大亮是可以培养的栋梁之材。

可以想象，在当时，如果换作其他的地方官员，在面对朝廷使者来替皇帝要礼物的情况时，结果恐怕会不一样。纵使官员正直，可迫于皇帝和使者的威压，难免突破底线。对于心术不正者来说，讨好皇帝的机会难得，这简直就是千载难逢之良机。由此更可看出，李大亮能够坚守原则，并以此劝谏皇帝，是多么难能可贵。因此，"因鹰谏猎"也被传为佳话。

> **惯性自律逆转开局**　绘制人生地图的艰难，不在于我们需要从头开始，而是唯有不断修订，才能使地图内容翔实而准确。

征服经典

□薛 巍

经典的一个定义是大家都希望自己读过，但又都不想去读的书。不想读的原因之一是，经典虽然是智慧的结晶，但不会立刻给人带来满足感。英国评论家阿诺德·本涅特在《文学的品位》中说："经典文学很细腻，给你带来的快乐会不断增加，但与狂热无关。对一个没有修养的人来说，来自艺术的快乐通常是激烈的。他们会夸大某些东西，缺少平衡能力。这种快乐是粗俗的。伟大的作家们头脑清醒而且思维均衡，不会夸张，因此也不可能歪曲。经典之美绝不会一下子把你击垮，而是慢慢渗透。"

在读经典时，作者比我们强大得多，本涅特说："我们是思维上处于弱势的一方，面对经典文学，真正聪明的做法是把自己摆在思维落后的位置上，知道自己的思维落后，谦卑地摆脱自己所有的自负，渴望走出这种落后状态。如果你不认同一本名著，这是你的问题，而不是书的问题。"

我们还是要硬着头皮读经典，至少这样做比较划算。一位学者曾说："我们读了《奥德赛》或《堂吉诃德》，就等于读了几百上千本冒险小说，甚至等于把冒险小说这个类别给勾销了，今后再也不想，也不必费那个工夫去读冒险小说了。"

有的经典不对我们的胃口，也不用怕。法国作家纪德说，"荷马史诗"中的《伊利亚特》在他"读了犯困的书"里排第一名，所以我们只要找到一组属于自己的经典就够了。另外，读经典要看机缘。一个12岁的孩子，尽管聪明，却无法领会弥尔顿或者萨克雷作品的奥妙。为什么？因为他还没有具备领会他们的作品必不可少的生活经验。领会伟大作家的作品，得先熟悉他们的文学传统，熟悉他们的民族文化，而初次接触的人是不具备这种条件的。

对经典著作，要慢读、反复读。古人是极其舒缓自然地写成了那些著作，为了品味他们的著作，我们也必须舒缓地阅读。只有舒缓地阅读，才能像剑桥大学教授迈克尔·伍德那样，发现"马尔克斯喜欢用数字。一百年的孤独，一场下了四年十一个月零两天的大雨，用四十个橘子榨出的橘子汁……这些数字营造了一种传说的氛围，显示了一种轻微嘲讽的准确性。但数字也可以表示耐心，表示与时间缓慢流逝的亲近。"

英国作家简·莫里斯小时候读《爱丽丝漫游奇境记》，发现"它是一本你会跟着它一起笑，但永远不会嘲笑它的书。它里面讲不通的地方、说的胡话是艺术，它的人物很严肃，它的文字像诗一样，它的坦尼尔插图无可替代，它的幽默是普遍的基准。一个没读过'爱丽丝'的孩子是被剥夺了一种享受的孩子"。刚上学时，有一天，一位老师问简·莫里斯不看黑板在偷偷看什么，他说是《哈克贝利·费恩历险记》，老师原谅了他。谁会不原谅一个跟哈克和吉姆一起偷偷划船的孩子呢？

惯性自律 逆转开局 不是所有人都知道时光的含义，不是所有人都懂得珍惜。这世间并没有分离与衰老的命运，只有肯爱与不肯爱的心。

学习的四大场景

□韩 焱

未来学家、教育学家戴维·索恩伯格在一本书中将人类学习分成了四大场景。一个人总自己在那儿读书，实际上只是用了一种学习场景，叫洞穴场景，就是一个人钻到洞里，和外界没什么接触，只跟书籍对话，自己看到知识之后就储存下来。

此外，还有三种场景，一种叫营火，就是一对多，老师一个人讲，很多人在听，这是一种集体传授智慧的方法，我们大量的知识获取都是通过营火这种场景获得的。

还有一种场景叫水源，所有动物要喝水都会聚集到水塘旁边，各种动物就会交流，这就像我们会在公司的茶水间讨论各种各样的事情，这是多对多的场景，大家聚到一起迅速把局部的经验扩大到整体。

最后一种场景叫山顶，我们必须去实践，必须亲自爬山，在这个过程中应用我们曾经学到的东西。也就是说，我们要承接一些任务，亲自去完成它，就是在工作中学，比如我们承接了领导交代的一项任务，最终完成了，这也是一种学习场景。

只有不偏好任何一种学习场景，从营火到水源到洞穴再到山顶，都能够有所经历，才是一个真正的学习者，才不会变成所谓的书呆子。

没有人相信"潜力"这东西，除非你做出一些事来证明。

反　噬

□ 祁文斌

《世说新语·排调》中讲了一个故事。一次筵席间,晋武帝司马炎问归降后的东吴末代皇帝孙皓:"听说南方人喜欢作《尔汝歌》,你会作吗?"孙皓正在饮酒,于是举杯面向武帝,即兴作歌道:"我以前与你是邻居,今天给你做下臣。敬你一杯酒,使你长寿享万春。"因为这件事,晋武帝很后悔。

《尔汝歌》是当时江南地区流行的一种民歌,"尔""汝"相当于如今的"你",但君臣之间用"尔汝"互称是不妥和失礼的。自以为得意的晋武帝司马炎被臣属孙皓以"尔汝"相称,无异于自讨没趣,自取其辱。

孙皓借力打力,既"应从"了司马炎的"问询",又不失时机地回击了其傲慢无礼,可谓巧妙得当,天衣无缝。而司马炎后悔自己不该"有此一问",不该持那般高高在上的姿态。从这一结果来看,司马炎也算有几分胸襟,不是小肚鸡肠之人。或许正因如此,做了俘虏的孙皓才得以善终吧。

语言具有多面性,既是矛也是盾,当某个人试图用它进犯别人时,可能同时会被反噬。

惯性自律 逆转开局　很多人的梦想和计划受挫是由两个小问题导致的:早上起不来床,晚上沉迷网络。

别忘了自己还有"翅膀"

□邵毅平

"啊!"老鼠说,"世界天天在变,变得越来越窄小,最初它大得使我害怕,我不停地跑,很快在远处左右两边都出现了墙壁,而现在——从我开始跑到现在还没多久——我已经到了给我指定的这个房间,那边角落里有一个捕鼠器,我正在往里跑,我径直跑进夹子里来了。"

"你只需改变一下跑的方向。"猫说着就一口把老鼠吃了。

这是卡夫卡讲的一个小故事,名叫《小寓言》,这里我们抄得一字不差。我们看到了什么?老鼠自己找死!它只需改变一下跑的方向,只需不跑进指定的房间,只需不往捕鼠器里跑,就不会被猫一口吃掉;但它不会改变跑的方向,不会不跑进指定的房间,不会不往捕鼠器里跑,所以它只能被猫一口吃掉。怪谁呢?怪自己!

一个乡下人来到法的门前,法的大门敞开着,他想要进去,守门人不让。守门人说:"以后也许可以,但现在不行。"乡下人探头探脑,守门人又说:"你可以不顾我的禁令,试试往里面硬闯,不过我很强大哦;况且里面还有好几道门,守门人一个比一个强大。"乡下人气馁了,决定还是等待。但是一天又一天,一年又一年,"以后"永远不来,现在总是不行,怎么磨叽都没用。最后,乡下人到了弥留之际,问了最后一个问题:"这许多年来,除了我,怎么就没见有别人要进去呢?"守门人回答:"这儿除了你,谁都不许进去,因为这道门只是为你开的。我现在要去关上它了。"这是卡夫卡讲的另一个故事,名叫《在法的门前》,这里我们简述了其概要。我们看到了什么?乡下人太听话了!守门人讲什么,他就信什么;守门人不允许,他就不敢动;守门人让他等,他就耐心等……他没试过不听,没试过不信,没试过不理……尤为关键的是,他从没有想过,他可以转身离开,爱上哪儿就上哪儿。于是，他终于一辈子耗在了法的门前。怪谁呢？多少也要怪自己！

卡夫卡讲的另一个故事更长，名叫《变形记》，我们只能概述一下要点：一天清晨，旅行推销员格里高尔一觉醒来，发现自己变成了一只大甲虫；然后他就被困在甲虫的躯壳里，经过几个月徒劳的挣扎后死去了。

卡夫卡大概经常觉得自己像一只甲虫。在《乡村婚礼筹备》里，不想去而必须去乡下筹备婚礼的拉班，希望只需把自己穿了衣服的躯体打发去就行，而自己的真身则躺在床上，像一只大甲虫。在那封长达三万字的致父亲的信里，卡夫卡感觉自己在父亲眼里就像是一只甲虫。

然而，为啥是变成甲虫而不是其他的什么呢？在康奈尔大学的欧洲文学大师课上，作为准昆虫学家的纳博科夫，仔细地画出了甲虫的俯视图和侧视图，然后得意地告诉他的学生们，他的极好的发现值得他们珍视一辈子：

"甲虫在身上的硬壳下藏着不太灵活的小翅膀，展开后可以载着它跌跌撞撞地飞上好几英里。奇怪的是，甲虫格里高尔从来没有发现他背上的硬壳下有翅膀——有些格里高尔，有些张三李四，就是不知道自己还有翅膀！"

还要我说下去吗？老鼠，乡下人，格里高尔……那就是我们！我们从未想过可以改变一下跑的方向，可以试试径直走进法的大门，或者干脆转身离开，也不知道自己还有翅膀可以飞……我们都是等着笼子来找到我们的鸟！

"这是一帮什么样的家伙啊！他们也思考吗？或者他们只是失魂落魄踟蹰于大地之上？"

> 惯性自律
> 逆转开局
>
> 我们有时太专注于自己的伤口，忘了要去握住别人伸出的手。冷漠是社会的"砒霜"。

拥有离线的能力

□闫肖峰

科技昌明真好，不用多少技能，就能即刻享用一切便利。比如不辨东南西北，凭导航你照样敢去地球任何角落。

然而，假如我们把全身心都托付给人工智能，那还要老司机干吗？还要专家门诊干吗？现在医患矛盾突出，阴谋论认为医生多开药就是为了多拿提成。现在真有患者认为与其白花那么多钱和时间，不如请人工智能来开药方，人家可是通过万亿次计算得出最佳药方。

医药界自然不认可这样的说法。人工智能可以帮医生作病况分析，减少医生的工作量，但只是辅助，并不是取而代之。可惜，风投界预测这种替代是迟早的事。比如IBM（国际商业机器公司）的人工智能"沃森"机器人能根据大数据，准确诊断患者的病症，而且能给出最佳治疗方案，让有些乳腺癌患者免做切除手术，减少了不少女性患者的忧虑。

无疑，未来正一步步逼近。至少在医药界，化验师、胸透师这类职位正面临淘汰。长途运输、电商配送的自动化也正在路上。前卫的警告是，数字化不会苦口婆心地劝你加入，数字化是不由分说地拉你我进入它的旋涡，等我们发现自己的价值越来越小，甚至可有可无，为时已晚。

这种技术激进主义激发无限想象。未来，汽车不用你开了，因为有自动驾驶；商店不用售货员了，因为有无人零售；只是吃饭还得自己吃，但吃什么、吃多少，人工智能给你意见。相信医生也将一步步被取代，今天把检查交给机器人，明天把治疗交给机器人，甚至手术都交给机器人。

未来等待我们的是什么？当所有场景都被人工智能代劳，人类就像著名思想家麦克卢汉所说——被"无痛截肢"，科技应用今天"锯掉"我们的腿，明天"锯掉"我们的手，最后"锯掉"我们的判断力，人类就成了不折不扣的"废人"。

不要说某天小行星撞地球，只要一次黑客攻击，没有了导航就不会开车，没有了外卖就只能吃泡面。人就变成了一个对系统深度依赖的肉球，只有手指滑一滑下指令的能力。想想人类永远被剥夺生存能力的前景，是可怕的。到那时，会开手动挡、不用导航就能把车开回家的人就是幸存者。

所以，我们也要培养与人工智能反向的力量来防止这一天的到来。就是说，一定要保留离线生存能力，预防被"锯掉"的那天。我佩服某些不听导航的司机，即使被导航不断警告"你已偏航"还是坚持走最短的路。这种判断力和方位感在未来是宝贵的能力，那是离线的能力，回到原点的知识和技能。

技术是人的延伸，人怎么能被延伸取代呢？请保持离线生存的能力。

> **惯性自律 逆转开局**　世界上有两种疯狂最为可怕，一种是什么都敢做的疯狂，另一种是什么都不做的疯狂。

没有"快乐读书"这回事

□曹 林

年少时读书，特别热衷于寻找某个简单的结论，觉得一本书的价值就在于能够将"千头万绪归结为一句话"，找到那句话，就觉得掌握了这本书的精华。书读多了，渐渐意识到，这是一种要不得的读书习惯。真正的读书，需要戒除"找简单结论"的简化诱惑，读到复杂性。

认知肤浅，其实就是对世界的了解冻结于某个简化的结论。所以，著名学者苏珊·桑塔格说，一切真正的理解，起源于我们不接受这个世界表面所表现出的东西。读一本书，如果读到的仅是某个简单的结论，说明我们对一个问题的认知仍停留于薄和浅的"表层"，没有对"已知的已知"形成某种冲撞、侵犯、挑战，它只是既有认知区中某种"熟悉而愉快的确证"，没有在冲撞已知上飞跃到"未知的未知"。很多时候我们貌似读书和思考了，实际上只不过是重新整理了一下既有的偏见和狭隘。这个过程并没有真正的"思想"。思想是什么？思想就是一个越过简单结论的过程，抵制某种未经思考、未经论证之结论的思维行动，对任何现成的东西说"不"。

所以，并没有"快乐读书"这回事。真正的阅读本来就是一个需要忍耐枯燥，无法免除思绪劳苦的"绕远路"的过程。好书能让头脑变得复杂起来，让我们不致在人群中被简单口号操纵。只有将问题置于某种"冲突的语境"中思考，才能看到问题的复杂性，跳出粗糙而简单的是非，看到事物内在的多元、张力、弯曲和肌理。原先你可能只知道"要么死，要么活"，却想不到还存在着"我爱生活，却不想活下去"的复杂生存困境；原先你只知道悲伤和流泪，却看不到这世上有很多"不能流泪的悲伤"。这就是复杂，它在打破惯常认知和直觉判断中，扩大着我们的认知半径。

出门时忘了化妆，最好的补救方法是露出微笑。

"弱德"的力量

□ 李 荣

著名学者叶嘉莹曾经说过，中国文化里有"弱德"的传统。只是，中国人自认为"积弱"已久，对于"弱"这个字敏感且有点惧怕，对于"弱德"的意思不能很好地领会。以前，颐指气使、张牙舞爪，甚至语气上强悍，显露出气急逼问的腔调，就会被人看轻，因为实在是不攻自破地把自己的虚弱、胆怯与不自信都暴露了，被称为"没教养"。相对地，所谓"弱德"，本质上是强，心气高远，对于不入法眼之人之事，看似自居低位，却是不入眼、看不起——其实是强的，反而显露了弱。

古话所谓"卑以自牧"，就是"弱德"的表现。面对粗鲁和强悍，你想要盖过它，似乎只有一个办法，就是比他更为粗鲁和强悍，但那不只是"一路货"，而且更有点变本加厉的意思了。这时候，只有"弱德"的力量最强。在粗鲁面前坚持礼貌，看上去是"弱"，实则是"高明"，让粗鲁的那一方倍感别扭和难受。因为他恨不得你用粗鲁来回击他，那样他就放心了，他"同化"了你。但弱德恰恰是不会生气、不被激怒，这种力量实在强大。

陆游的《记梦》写道："梦里都忘困晚途，纵横草疏论迁都。不知尽挽银河水，洗得平生习气无？"四句话，每一句看上去都在责怪自己，一怪自己浑忘晚境的穷厄，二怪自己做梦依然"顽固"，三怪自己改不了平生习气。三个自我责备，要说"弱"，也是弱到极点，诗人的心气、心志和傲气却在这种"极弱"中直冲上天，此可谓"弱德之诗"也。

人世间，自处或与人交往，"强势"中往往充满虚弱、不安与错误，"弱德"里却有定力、有信心，充满真实的东西。

惯性自律 逆转开局　河流之所以能够到达目的地，是因为它懂得怎样避开障碍。

林间闲坐

□李廷英

清晨，简单收拾了背包打算去山里坐坐。老家背后就是大山，只管爬就是了。相比于远望群山，行走其间，有时获得的感悟是甚于其他的。

在深幽的林间，找一块石头坐下，捧一本好书悠闲地阅读。耳边不时传来鸟的歌唱，加上斑驳的阳光照在可爱的小松鼠身上，一切都显得那么惬意。

我看到一只五彩斑斓的长尾野鸡，从那灌木丛中钻了出来，挺着胸，像一个骄傲的将军。我急忙从背包里拿出绿豆酥，把酥皮轻轻地抛向野鸡，它抬起矫健的长腿慢慢地靠近酥皮，看它吃得那么开心，我便把所有的酥皮都倒在了树叶上。它全身的羽毛油光发亮，就像披上了一件华贵的大礼服，头戴皇冠，颈部装饰着金黄色的"项圈"，两肩有金光灿烂的披肩。

山川大地，般若万象，每当远望群山之际，我们心中都望见了些什么呢？远上寒山石径斜，白云生处有人家。我静静地坐在林间，享受着属于自己的诗和远方。此刻可以放逐心灵，让灵魂自由地在林间驰骋，不受任何羁绊。时光安宁，这样的时光真是慢呀！慢得可以听到溪流潺潺的声音，可以感受到空气中淡淡的野花香。

"久在樊笼里，复得返自然。"受制于生活的种种牵绊，现如今能够进山坐坐的时间都很少。想到小时候，孩童们一起去山上拾柴、捡松果，坐在干松针上玩儿……林间闲坐识天籁，云雾散开的那抹蓝，呼唤着重访山林，找寻那个真实的自我。

朱光潜说："人最聪明的办法是与自然合拍，如草木在风和日丽中开着花叶，在严霜中枯谢。"大自然中的一草一木，一山一水，都蕴含着生命的智慧。林间闲坐时光慢，人生有味是清欢，无论何时，都要给自己留一份闲时的心境。

勇敢的人并不是感觉不到畏惧的人，而是征服了畏惧的人。

第四辑

别人很好，可你也不差

别太沉迷于自我的世界

□张 恒

英国哲学家斯图亚特·密尔说,当人们把眼光放在别的事物上时,也顺便找到了自身的幸福。这并非一种利他主义,而是一种更广阔的自我探索、自我建构。我们终究是一个社会人,与周围的世界息息相关,呼吸着树叶散发的气息,吃着他人制作的食物,为他人提供服务。当我们沉迷于自我,沉迷在手机屏幕上的小世界时,别以为那些短视频能带给你更广阔的世界。相反,那是一个靠着算法建立的时间牢笼,我们从来不会从中获得真正的幸福。只有心中装着更广阔的世界,我们才能有更大的惊喜、更具韧性的人生。

崎岖有时 行则必至

以前以为,坚持就是从不动摇;后来才知道,其实坚持就是动摇着动摇着,不知不觉地做了下去。在没有崩溃之前,都叫坚持。

感受的稀薄

□陈嘉映

我们可以区分哪些事是我们不得不做，哪些事是我们乐意做的，但这种区分是挺有限的。比如说带孩子，不爱换尿布，爱逗孩子笑。但你不给孩子换尿布，逗孩子笑就没那么快乐。

好玩的事情是怎么跟有点儿苦、有点儿累的事情连在一起的，我们并不大清楚，但我们大致知道，如果我们为孩子付出了很多精力，我们跟他的相处就会有一些不同的品质。

我们劳作得很辛苦，难免有时会希望别人做这些工作，我们来享受劳动成果。不过，如伯纳德·威廉斯指出的，人并不是只要享受的生物，我们不仅希望获得结果，也希望这些结果是亲力亲为得来的。劳动创造了人，是人的基本需求。如果把劳动与享受割裂开来，劳动由机器完成，人单单享受结果，那么人的定义就改变了。

我们实际上正在经历这个过程。我们对世界的感知越来越集中到结果这一端。我们住在楼房里，不知道楼房是怎样盖起来的；打开餐盒，里面是大米饭，但我们没见过水稻长在地里是什么样子的……

不断进步的技术把人类劳动一项一项接过去了，我们不必经历劳动的艰辛就能够享受劳动的成果，这让技术乐观主义者欢欣鼓舞——技术把苦活儿、累活儿、难活儿都干了，我们享受成果，有何不可？但事情还有另一面，那就是，我们只享受结果，不再能感知产生结果的过程。仅仅享受结果而不感受过程，这让我们的感受变得越来越稀薄。

崎岖有时 行则必至

要是你不知道自己要什么，迟早你会发现，你拥有一大堆并不想要的。

"显功"与"潜功"

□杨德振

与一个年轻人聊天,见他眼神无光,不时唉声叹气,便问其缘由。他说,毕业多年,至今工作业绩平平,想转型心中又没方向和底气,很焦急。

这个年轻人在一个科研单位里上班,单位里大把专业人才,他显得有点力不从心。跟着别人一起做的几个项目,又碰上在功用上转化率低的问题,总之,工作上没有拿得出手的"显功"……听他说完,我叫他先喝一杯茶,平复一下心情,并安慰他,如果急火攻心或抑郁成疾,那更加得不偿失,必须保持信心与干劲,现在你要做的是解决问题,可以调整一下思维方式和心态,或找个更适合自己的目标去努力。

一个人无论在事业上还是在生活中,只要用功地做着事,等到时机成熟,是会显现成效的。如果现在还没有显现成效,处于"胶着"或"瓶颈"状态,那就说明收获季节未到,尚需努力,或者要三思一下,是不是要调整方向、改变策略,然后继续攻坚克难,最终取得显著的成功。我给他打了一个比方,你看,火箭一飞冲天,多么耀目,这种成果大家都看得见,这是"显功";而"一飞冲天"的背后,是很多人无数个日日夜夜、呕心沥血沉潜研究与实践的努力,这是外人看不见的用功,是"潜功"。我们如果只羡慕别人的"一飞冲天",看不到其背后的"默默付出",或只求"一飞冲天",不愿默默努力,或急于求成,不想花费时间和精力去做积累与沉淀,那便是只求"显功",不要"潜功",事业上受挫受阻便不是奇怪的事。

任何事情的成功,都是"显功"与"潜功"恰到好处的"共情"体现。所谓"显功",是显而易见的成功,是一个人经过拼搏将光彩夺目的成果、成绩、成效展现在众人面前;所谓"潜功",是潜心钻研某一专业或技术所投入的功力,它是"显功"背后呕心沥血、潜心付出的一种努力状态。这两者相辅相成，没有"潜功"的付出，难有"显功"的出现；而"显功"则是对"潜功"的阶段性检验或测试的结果，适时复盘成败，总结经验教训，可对后续的"潜功"有指引作用。"显功"多少取决于"潜功"的力度和时长，没有一蹴而就的"潜功"，也没有易如反掌的"显功"，如果不明白其中的转换关系和内在因果逻辑，难免在事业上迷惘，变得情绪低落。

年轻人听了我的话，若有所思，问："有时候，'潜功'做了不少，也鲜见'显功'出现，这是怎么回事呢？"我对他说："这要从方向、方法、路径、目标定位、实践形式上找原因。一个人如果方向错了，越努力便越加速了'南辕北辙'；如果方法错了，那就像拳头打在棉花上，事倍功半或费力不讨好……所以，我们要时常审视和校正这些成功要素，使之形成合力，才能发挥正向的效用，要做有用功，不要做无用功。'潜功'做到位了，就有'水滴石穿''百步穿杨'的绵绵之力，届时，成功想不显著都难。"

当然，有了"显功"也别骄傲自满，更不要狂妄自大，自以为从此可以高枕无忧。现在，我们很难做到"一招鲜，吃遍天"了，保持进取与努力变得很重要，不要让已有的"显功"变成"显摆"，要继续潜心努力用功，才会真正"潜力无限"。

在生活中也是一样，一个人想着过近似"显功"一样的幸福生活，就必须以奋斗不懈、艰苦打拼的"潜功"作为基础和铺垫，聚沙成塔，集腋成裘，"显功"自显。"显功"可以让人幸福一时，而"潜功"可以让人幸福一辈子。

> 崎岖有时
> 行则必至

没有什么好遗憾的：在能走的时候，奔赴远方；在不能走的时候，安于当下。

不要把别人的泪当盐

□刘江滨

读《毛姆传》,才知道这位以《月亮与六便士》名世的英国大作家是口吃患者。他从小父母双亡,寄居在叔叔家过活。可能是压抑和紧张所致,他患了口吃症,这让他在人群里很是显眼,经常遭到其他孩子的嘲笑。这样就更加让他变得敏感、害羞、愤怒和恐惧,生活在无尽的痛苦和耻辱中。有一次,他和叔叔到伦敦,叔叔有事滞留,让他自己返回。他去火车站排队买票,终于轮到他时,却结结巴巴,怎么也说不出他要去的地方,后边的人等得不耐烦了,两个男人一把推开他,说:"我们不可能等你一个晚上!"毛姆只好重新排队。他永远记得这耻辱的一刻,所有人都盯着他看。

我由此突然想起小时候的事。我们村有一个男孩就是一个口吃患者,说话结巴,我们称之为"紧语子"。他几岁的时候,母亲由于难产死了,家里穷,父亲也没有再娶,日子很恓惶。他穿得破破烂烂,又结巴,也就不再上学,天天下地放羊。我们都瞧不起他,见了他,就学他结巴着说话,他气得涨红了脸,就越发结巴,惹得我们哈哈大笑,开心极了。几十年后想起这事,跨越时空,那嘲笑毛姆的孩子中不是也有我吗?

如此对别人的生理缺陷加以嘲笑和戏耍的行为,史不绝书。《世说新语》载,三国时期魏将邓艾口吃,语称"艾艾",晋文王司马昭戏之曰:"卿云'艾艾',定是几艾?"邓艾巧妙应对:"凤兮凤兮,故是一凤。"这个"艾艾"和另一个口吃患者汉代大臣周昌说的"期期知其不可",一并组成了一个成语"期期艾艾"。

《古今笑》讲了一个小故事:一名画家是个跛子,一天出门见一个跛足妇人在前面走,旁边一个小孩模仿。妇人大怒,正要发作,恰好画家也拐着腿走来,妇人便把怒火泄向画家,大骂道:"那短命的小孩作恶也就罢了,你一个衣冠楚楚的大人怎么也这么无聊？"画家知其误会，百般解释，那妇人就是不听，兀自骂个不休。

　　这个世界上总会有一些生理有缺陷或残疾的人，这些缺陷或残疾使得他们在行为上异于常人，或引人发笑。生理上的缺陷或残疾，如同阳光下的阴翳，天然地让他们产生一种自卑心理，即使异样的眼神对他们来讲也是一根根刺，何况不加掩饰的恶意的嘲讽，简直就是刀割剑捅了。所以，自卑激起强烈的自尊，一颗敏感的心容不得丝毫亵慢，面对戏弄、嘲笑，他们经常像前面所讲的妇人那样表现出暴怒，也就可以理解了。

　　记得小时候，我们戏耍失语者、肢残人士时，他们总会怒不可遏地追打，吓得我们四散奔逃。这些人的自尊除了用愤怒来捍卫，有的更是以硬本事、真功夫来出人头地，洗刷耻辱，赢得世人尊重。《史记》记载，韩非"为人口吃，不能道说，而善著书"。又载，司马相如"口吃，而善著书"。汉赋大家扬雄，《汉书》称其"口吃，不能剧谈"。宋代的王世则小时候上山砍柴，不小心摔断了一条腿，后来发奋读书，考中状元！

　　所谓蚌病成珠，这样载入史册的成功者毕竟是少数，更多的人或许终其一生都在默默忍受着嘲笑和耻辱，活在灰暗的天空下，匍匐在尘埃里。有的人甚至可能觉得生无可恋，早早就放弃了生存的权利。

　　西哲叔本华说："每个人的内心都确实有着某种野蛮的兽性——有机会它就张牙舞爪、肆意咆哮，就会伤害他人。"我们对此可能浑然不觉。小时候的恶作剧，似乎印证了荀子人性本恶的观点，那时或是无意的伤害，而受到教育的成年健全人，即使在生理有缺陷或残疾者面前没有表现出野蛮的"兽性"，那么，同情和怜悯就不是另一种伤害吗？居高临下的优越感可能存在于潜意识中，把别人的泪水当成盐，让庸常的日子有了滋味。

　　名垂青史的毛姆早已不需同情，而需仰望。我那老家的小伙伴，已老之将至，口吃依旧，生活早大有起色，也不需要我的同情，而需要我的歉意。苍天造人，生而平等，缺陷或残疾，有的人在生理上，有的人在心里。

崎岖有时　行则必至　　毁掉我们的往往不是我们所憎恨的，而是我们所热爱的。

懂与不懂

□周春梅

鲁迅在《而已集·小杂感》中为我们描述了这样的生活场景："楼下一个男人病得要死，那间壁的一家唱着留声机；对面是弄孩子。楼上有两人狂笑；还有打牌声。河中的船上有女人哭着她死去的母亲。"

最后以"人类的悲欢并不相通"概括人与人之间的疏离状态，并将这些生活场景浓缩为人世之纷扰与人生之无意义："我只觉得他们吵闹。"

鲁迅对吵闹的"他们"流露出的温情，令人动容。其实这篇短文中另有值得关注的细节。病中的他深夜醒来，请许广平给他喝点水，把灯打开，让他"看来看去的看一下"。许广平以为他是生病了讲昏话，就有些惊慌地问他为什么。鲁迅回答说："因为我要过活。你懂得么？这也是生活呀。我要看来看去的看一下。"许广平回答："哦……"起来给鲁迅喝了几口茶，徘徊了一下，又轻轻地躺下了，并没有去开电灯。

叙述至此，鲁迅加了一句话："我知道她没有懂得我的话。"好在有街灯的光穿窗而入，屋子里显出微明，他大略一看："熟识的墙壁，壁端的棱线，熟识的书堆，堆边的未订的画集，外面的进行着的夜，无穷的远方，无数的人们，都和我有关。我存在着，我在生活，我将生活下去，我开始觉得自己更切实了，我有动作的欲望。"

此时的鲁迅，成了《小杂感》中那个"病得要死"的男人。许广平悉心照顾他的起居，但即使是朝夕相处、精神高度相契的伴侣，也并不能完全了解他细腻深沉的心事，了解重病的他对生命的渴望。而正是"吵闹"的世界，让鲁迅有了存在感，有了动作的欲望，有了生活下去的渴求。

美国当代小说家莉迪亚·戴维斯的小说《福楼拜的十个故事》中，有一则的主旨，可以用"人类的悲欢并不相通"概括。

鲁迅被译成英文的作品主要为小说，戴维斯读到这篇《小杂感》的可能性不大。而同时阅读这两则文字的读者，也会因为戴维斯描述的故事发生在19世纪的法国，依然能体验到新鲜的阅读感与强烈的冲击力。

戴维斯将福楼拜书信中提及的一些经历扩展改编，变成一个个精巧的小故事，其中有一则《葬礼》：福楼拜去参加猝死的邻居普歇太太的葬礼。可怜的普歇先生站在那儿，弓着身子，悲伤得像风中的干草一样摇摆。而福楼拜身边的几个男人正在谈论他们的果园，比较小果树的粗细。然后旁边的一个男人向福楼拜问起中东的事情。他想知道埃及是否也有博物馆，还问福楼拜："他们的公共图书馆条件好吗？"与此同时，可怜的普歇先生绝望无助地站在他们面前。戴维斯使用第一人称，以福楼拜的口吻叙述这些情景，最后替福楼拜作了总结陈词："也许我们这些作家会认为自己创造了太多——但是现实每一次都更糟糕！"这里显然有对人性的失望甚至绝望：人类的悲欢并不相通，其不相通的程度，甚至超出了作家们夸张的虚构。

"人类的悲欢并不相通"，这大概就是人生常态，即使是鲁迅与许广平之间，也有"不懂"，可见"懂得"之难。

三位作家在不同的国度和时代，都对"不相通"有深切的感受，能设身处地体验他人的处境，从而感受和理解他人的情感，这种同理心与共情力，正是伟大作家共同的特征。而我们这样的普通读者，从这些故事中能学会的，则是以失望甚至绝望为起点，接受"不相通"的现实，如有"心有灵犀一点通"，甚至"不点就通"之时，当倍加珍惜。

崎岖有时
行则必至

生活免不了会有高低起伏，但你不能因为眼前的困境就忽略了远处的光。

偶尔出丑的人更被人喜欢

□刘 颖

有这样一种现象：为什么选秀节目中业务不精的姑娘，火到被誉为人形"锦鲤"？为什么模特在T台摔过一次之后，居然大牌走秀邀约不断？而有的人看上去非常优秀，成绩名列前茅，工作努力认真，甚至长了一张完美无缺的脸，却不一定受人待见。这种现象背后藏着一个心理学知识——"出丑效应"。

出丑效应，指一个人给别人留下不错的印象以后，一些微小的失误，比如拖鞋穿反了、脸上有污渍等，不仅不会影响人们对他的好感，相反，还会让人们从心理上感觉到他的真实和接地气，觉得他值得信任。而如果一个人表现得完美无缺，反而会让人觉得不够真实，恰恰会降低他在别人心目中的信任度。

心理学研究也证明了这一点。研究表明，一个团队内部最有能力的成员并不一定是团队中最受欢迎的人。这是为什么呢？为了解答这个疑问，1966年，社会心理学家艾略特·阿伦森和他的小伙伴们找来了48名大二男生做了一个关于"印象形成"的实验。这些男生需要听一段大学智力问答竞赛选拔的录音，然后对录音对象的印象及魅力值进行描述和打分。阿伦森准备了四卷磁带用于实验，分别是：

1.拥有卓越才能者：能正确回答92%的问题，多才多艺，品学兼优。在接受主持人采访时，他态度自然，谈吐不俗，表现得非常有自信。

2.拥有卓越才能者：能正确回答92%的问题，荣誉学生，多才多艺，品学兼优，不过他在台上表现得非常紧张，竟把桌上的咖啡杯碰倒，还将主持人的裤子淋湿了。

3.能力普通者：答题准确率仅为三成，成绩一般，能力一般。采访过程中，他虽然不太紧张，但也没有什么吸引人的发言。

4.能力普通者：答题正确率仅为三成，成绩一般，能力一般。在被采访时，他表现得非常紧张，也不小心把咖啡杯弄倒，淋湿了主持人的衣服。

这四卷录音分别对应的是：1.优秀的人才；2.白璧微瑕的优秀人才；3.能力普通者；4.偶尔犯蠢的能力普通者。

实验最后得出这样的结论：白璧微瑕的优秀人才被评为魅力之最，其次是优秀人才，第三名为能力普通者，而偶尔犯蠢的普通者最不受人待见。由此可见，小失误或瑕疵反而使有才能者的人际吸引力提高。假设你身边有两位各方面都非常优秀的朋友，一个完美到从不出错，一个却会犯迷糊闹点小笑话，你会更喜欢谁呢？

我们可以将"出丑效应"应用于生活的各个领域。比如，教师在教学领域之外的生活中，有点小缺点，这样更能贴近学生的心灵。和完美的人在一起，普通人容易惴惴不安。这样失衡的人际关系是难以保持长久的，因为它很可能导致一方生活在自卑和压抑之中。偶尔允许自己失误一下，也许更利于增进彼此关系。

值得注意的是，"出丑效应"不同于哗众取宠。故意犯错是一种"造假"，更易使人判断为愚蠢，经常为之，则极可能招致身边人的厌恶。"出丑效应"倡导的是大家不要过分追求完美，在不慎犯错时也能用一颗平常心接纳自己。但不要忘了，不遗余力地让自己变得更加优秀任何时候都是正道。

> **崎岖有时 行则必至**
>
> 有的人之所以寂寞，是因为他们不去修桥，反而筑墙将自己围堵起来。

"努力"有时胜"聪明"

□白龙鱼服

过去的十年里,斯坦福大学的心理学家卡罗·德威克和她的团队以十几所纽约公立学校的学生为对象,来研究表扬对学生的影响。他们选取了400名五年级的学生,将他们分为两组,让他们完成一个"把图画得最清楚"的实验。这个实验非常简单,每个学生都能做好。当学生完成测试,研究者会告诉他们分数,然后用一句话表扬他们。一组表扬他们的智商,跟学生说:"你一定很聪明。"另一组则说:"你一定很努力。"

随后是第二轮实验。实验开始前,这些学生可以选择比之前的测试更难的题目,也可以选择和之前的测试难度相同的题目。结果,被表扬"很努力"的学生中有90%选择了更难的测试,而被表扬"很聪明"的学生大部分选择了难度相同的测试。

在接下来的第三轮实验中,所有参加测试的学生都必须参加一个难度超出个人实际水平的测试。可想而知,没有几个人能完成。但是,之前实验中随机分配的那两组学生再一次表现出了不同。那些被表扬"很努力"的学生认为自己失败的原因在于没能集中精力,所以在接下来的实验中,他们更愿意集中精力去尝试每种解决问题的可能;而被表扬"很聪明"的学生则认为自己失败的原因在于自己的智商。

在最后一轮测试中,题目的难度和第一轮相同。但被表扬"很努力"的学生的成绩提高了约30%,而被表扬"很聪明"的学生的成绩则下降了约20%。

对这样的结果,德威克认为:"强调努力,给了学生一个可控的变量,他们发现自己可以控制成功与否;强调聪明,则剥夺了这种可控性,并且不能成为应对失败的好处方。"她在研究总结中写道:"当我们表扬学生的智力时，相当于要他们表现得聪明些，不要冒险犯错。"这也正是被表扬"聪明"的学生所做的：他们选择保持聪明的形象，避免了形象受损的风险，一旦他们失败，就会怀疑自己根本不聪明；而被夸奖"很努力"的学生失败后则会认为是自己不够努力。

后来，德威克在重复实验时，将每个社会阶层都纳入了自己的实验，最终都得到了同样的结果。不论男女，连学龄前的孩子也未能幸免于被表扬聪明后带来的负面效应。

此外，德威克的学生丽莎·布莱克维尔在纽约东哈莱姆区一所中学的学生身上也进行了相同的实验。她将学生分成两组来参加一个有8期课程的工作坊。其中，控制组接受学习技能培训，实验组除了要接受学习技能培训，还要学习"大脑发展观"。她让实验组的学生轮流大声朗读一篇关于大脑在挑战下如何长出新的神经元的文章，观看关于大脑的幻灯片。不久，即使不知道哪些学生分到了哪个组，老师们仍然可以挑出那些学习过"大脑发展观"的学生，因为他们改变了自己的学习习惯，提高了成绩。

的确，随着年龄的增长，在决定孩子做成一件事的因素中，智力显得越来越微不足道，越来越复杂的任务让努力和坚持成为成败的关键。心理学家发现，表扬孩子的智力恰恰会减少他们的努力。连大发明家爱迪生都说，成功就是99%的汗水加1%的灵感，不努力，即使再聪明也没有用，而勤奋真的可以补拙。所以，下次你要表扬别人时，不要再说"你很聪明"了，应该说"你很努力"！

> **崎岖有时 行则必至**　每个人在陌生而残酷的世界上停留的时间都那么短暂，却还要"处心积虑"地让自己如此不快乐，这实在是很奇怪的事。

从春风那里得到的

□ 樊德林

你又一次轻轻地拍着我的肩，而我却已不是从前的少年。你端坐在我面前，我真真切切地看清楚了你的脸。你是四季的开端，生命的起点，以及尘世间所有的预言。我只想问你：世间的甜，为何如此短暂？

许多年前那个春天，你曾经陪着父亲，去遥远的黄河边，千里迢迢地娶回了母亲。那时候，一贫如洗的父亲，只有几间简陋的草房，和曾祖父、祖父相依为命。是你的心灵手巧，让这个支离破碎的家，重新有了温暖。你剪出了几只俊俏的小燕子，让它们在草房的梁间筑巢，每天双宿双飞，亲亲热热地呢喃低语；你用一支朱笔，点染出院中一树灼灼的桃花，每朵粉嫩的桃花，都咧着幸福的小嘴巴；你用甜丝丝的槐花蒸菜，让幸福在三月的阳光中绽放；你把最美最动人的红，都给了母亲——她那美丽的麻花辫子上面，顶着一块红艳艳的盖头。她身上的红嫁衣，比天边的晚霞更为动人。你替父亲掀起母亲的红盖头时，母亲脸上的绯红，醉了父亲的眼睛。

你是父亲母亲这场简朴婚礼的见证人，这个家从此和你有了隐秘的联系。每年你从远方打马归来时，都要去看看他们。他们在春天里辛勤地耕耘，汗水浇灌着脚下的土地。又一年草长莺飞时，他们把草房翻新成了三间青砖瓦房，盖起了配房，拉起了院子，垒起了门楼。他们告别了家徒四壁，满院盛满春光。

他们有了孩子。大儿忠厚，二儿活泼，三女单纯。他们也像自己的父母一样，土生土长，吹过该吹的风，淋过该淋的雨，走过该走的路。孩子们成长的每一步，都写满了父亲母亲的艰辛。每一年春天，父亲的腰会比镰刀弯一点儿，母亲的发会比雪花白一点儿。他们像两棵树，为孩子们撑起一方绿荫，自己却在风吹雨打中，渐渐枯萎。生活的磨难，对于每个人都是公平的。

父亲病了，让人束手无策，肝肠寸断。母亲病了，让人无可奈何，心如刀绞。生病的春天，比冬天还要寒冷。你说过，生老病死，是自然法则，谁都无法抗拒。我却一直相信，这是命运。从古至今，命运始终是一个难解的谜。我知道，你也无能为力。我问你：世间的苦，为何绵延不绝？

十年前，你陪着母亲，送走了父亲。父亲的前半生为了家和孩子奔波忙碌，后半生一直与疾病抗争。终究，他彻底败下阵来。那个春天，你探望父亲时，他已卧床不起，气息奄奄。外面阳光正好，花已绽放。但疼痛和无边的寒冷撕裂了父亲孱弱的躯体，他已不能说话，不能思想，所有的语言，都化作两行浊泪。父亲头顶微弱的烛光，在你面前摇曳不定。母亲和孩子们，叫天天不应，叫地地不灵。那一刻，你无言以对，眼中的光也渐渐暗淡。你深知，这就是人生。

又一年春暖花开，你来寻访父亲时，他早已长眠于地下。你低头沉默不语，替母亲和孩子们拭干脸上的泪水，并把他们的呜咽声捎给了父亲。你轻轻地抚摸着墓碑上的名字，你用松涛声诵经超度，寄托哀思。你见惯了世间太多的生离死别，内心早已坦然。但父亲去世时才五十多岁，他和母亲执子之手，尚未偕老。这让你感到一种难以言说的怅然和遗憾。

"十年生死两茫茫，不思量，自难忘。"每年你还是会来，从来不会忘记去看一看父亲。这世界有那么多人，去的尽管去了，来的尽管来着。去来的中间，隔着永恒。无数的生者，无数的亡者，你都记得他们。你记得每个人的生日，记得每个人的祭日。你记得那么深，那么远。你带来的花朵，每年都会被孩子们小心地收藏，安放在父亲长眠的地方。那里温暖向阳，有无尽的怀念正在蓬勃生长。

以前，每年春天，我都会问你那两个问题。你总是微微一笑，只留给我一个模糊的背影。你似乎没有回答我，又似乎早已回答过。但今年春天，我决定不再问这两个问题了。世界上的许多事情，只有经历过，才会有答案。答案也并不唯一。过去的，不管对错，皆不可回头；未来的，无论好坏，都要去面对。

崎岖有时 行则必至　　成熟不是看你的年龄有多大，而是看你的肩膀能挑起多重的责任。

相比上台，我更愿在台下鼓掌

口月亮粟

岁末年初，又到了孩子们忙着演节目的时候。一个普通的小学班级，家长群里热火朝天地接龙了几十个节目。小时候，我也曾是文艺骨干，每逢过年过节都要去班级、学校甚至区里、市里挑大梁，我被赋予了一个"模范生"的壳子，以为要做一名让老师喜欢、家长满意的孩子就应该这样。

一开始上台，确实是有愉悦感的。年纪小，别人的包容度高，获得的鼓励也多。但随着年龄增长，老师和家庭会赋予你越来越多的期望，艺术特长的标准也日趋专业，每一项技能都需要枯燥严苛的训练。大人的满意度越来越难达到，我开始觉得疲惫。

进入高年级后，我不仅要承担学校的演出任务，还需要参与一些社会上的表演，业余时间被占得满满的。有一次，我放学后赶去电视台录节目，回到家已经晚上十点多了，一天的作业还没做。我趴在桌上睁不开眼睛，但是父母说："你作为班长，是别人的榜样，不能因为其他活动落下学习。"

那一天的作业本上，泪水洇湿了我的笔迹。我的抗拒心理从那一天开始萌芽了，十岁的我逐渐有了深深的疲惫感。我开始因为自己做不到让大人满意而自卑，会在大型活动之前频繁失眠，会在上台前一刻莫名哭泣。

直到一次学校音乐公开课，班主任照例安排我课前上台表演一个节目暖场。这只是一个小小的任务，但已经越来越抵触当众表演的我，脑子一下子变得空白。我觉得自己像一个画在气球上的娃娃，越飘越远，直到看不清自己的脸。音乐老师看出了我的无助，主动说："让××同学起个头，大家一起合唱校歌吧！"我顿时感到肩膀上的一块大石头被卸了下来。那位音乐老师不经意间的一句解围，让我第一次感到有人懂我。那也是我第一次知道，原来表演是可以拒绝的。

内心的"小恶魔"好像被激活了一般，我开始反抗这些表演。我抵触背诵冗长的主持词，在众目睽睽之下冷场，后来发展到主动逃避老师的指令，不去排练。有次暑假的文艺演出，我一整个上午被关在大队部背诵主持词；趁着中午吃饭的时间，我溜出去，跑到泳池泡了整整一下午。老师找不到我，给家里打电话，大人围着学校找了一大圈。那是我第一次当逃兵，炎炎夏日，我漂浮在少年宫泳池的水面上，看着泛着亮斑的树梢上好像出现了一个气球，那个气球上画着我的脸。我伸手抓住，把它塞回自己的身体里，重新"活"了过来。

我的表演机会随着"自暴自弃"越来越少，直到中学，我终于可以安静地做一名普通学生。我可以心无旁骛地听课，不用操心课后要安排同学们排练节目；晚上我有充足的时间写作业，还可以偷偷看点闲书；我也终于可以沉下心思去交一两个好朋友，告别那种高高在上的姿态。我觉得这些才是学生时代弥足珍贵的回忆。

随着时间冲淡，我也慢慢消除了对表演的抗拒。成年后，我开始主动选择自己真正喜欢的项目去上成人课程，但并不是为了演给别人看。

孩子学校的接龙仍在继续，竹笛、唢呐、古筝、琵琶、大提琴、小提琴、架子鼓等节目排得满满当当。我拿着手机问孩子："要不要也报个节目？"孩子用一如既往的坚定说："不报！"我说："班里过半数的同学都展示自己的才艺，只坐在台下当观众，好像自己什么都不会，会不会不舒服？"孩子一脸诧异地看着我："妈妈，你的想法好奇怪，我有节目看，有零食吃，为什么会不舒服？"

的确，孩子从小就与我相反，不会主动展示自己，也从来不会因为外人的眼光而内耗。我曾担心她寂寞，但每次做观众时，她都会站起来为自己的朋友鼓掌叫好。看到她可以开心地做一个"在路边鼓掌"的人，我不由得心生敬佩。如果我小时候也能有这样强大的内心，早早知道自己喜欢什么不喜欢什么，或许会有一个更阳光的童年。

> 崎岖有时 行则必至
>
> 决定我们成为什么样的人的，不是我们的能力，而是我们的选择。

为什么你需要跟别人混个脸熟

□卫 蓝

学者格雷戈里·伯恩斯在其著作中写道，对于大多数人来说，接受新事物是一件很困难的事，因为新事物总是很容易触发我们的恐惧情绪，而产生恐惧的一个很重要的原因是不熟悉。

2005年，加利福尼亚理工大学的研究人员通过脑成像实验对人们处于不确定环境中的大脑变化做了记录。他们发现，当人们处于不确定环境中时，大脑中的杏仁体和眶额皮质两个区域会变得异常活跃。

也就是说，当我们处于陌生环境中时，大脑实际上被唤醒了两种状态——害怕（杏仁体）；控制自己，让自己冷静（眶额皮质）。

当杏仁体被激活时，我们身体里也会释放大量的皮质醇，并且激活交感神经系统，进而让我们处于警备应激状态，这会让心率变异性加快，也会消耗大量的能量，让我们感到不舒服。所以一些人在面对不熟悉的人时，会脸红、心跳加速。

而如果想让别人对我们产生信任，愿意与我们交往，就需要让对方对我们建立足够的熟悉感。心理学家曾做过一个实验，他们先通过测试区分出害羞指数较高的小学生，让他们观察不同的脸，研究者用脑电图扫描的方式观察并记录小学生的大脑活动。

研究人员发现，在面对陌生和难以识别的脸时，那些害羞指数较高的孩子的大脑中掌管社交的皮层活动能力较弱，而负责焦虑及警惕情绪的边缘系统中的杏仁体部分则显得非常活跃。

同样，如果我们想让别人更愿意与我们接触，就要消除对方这种本能反应。那么，我们可以通过哪些方式实现这一点呢？一个比较简单的办法是经常出现在对方面前。经常出现在对方面前就可以引发对方对我们的一些好感。这在心理学上被称为"纯粹接触效应"——如果某一个刺激在我们面前呈现的次数足够多，我们对该刺激就会越来越喜欢。

心理学家赛安斯对此做过一个实验，让受试学生多看几次对方脸部的照片，然后调查他们对对方产生好感的程度。

实验人员准备了12张不同的大学毕业生头像照片，然后从中随机抽出几张给受试学生们看。开始实验时，研究人员对这些学生说明："这是一个关于视觉记忆的实验，目的是测定你们对所看照片的记忆程度。"

而实验的真正目的是了解观看照片的次数与好感度的关系。观看各张照片的次数分别为0次、1次、2次、5次、10次、25次六个条件，按不同条件各观看两张照片，随机抽样，总计86次。

实验结果表明，观看次数与好感度的关系成正比。当学生被提问最喜欢哪一张照片时，大多数学生都选择了出现在他们面前次数最多的一张。

也就是说，当观看照片的次数增加时，不管照片的内容如何，好感度都会明显增加。这在很大程度上证明了"纯粹接触效应"。

我们可能有过这样的体验，我们在拍照的时候总觉得自己的照片不是那么好看，但是朋友们觉得挺好的。为什么会出现这样的现象呢？其中一个原因也是"纯粹接触效应"。

我们通常看到的是镜子中的自己。而当我们拍照的时候，看到的是左右与镜子中相反的自己。这时，我们看自己的照片，就会感觉有点不一样，而我们的朋友因为没有这种差别感，所以觉得挺好的。

现在，你知道跟别人混个脸熟有多重要了吧？

> **崎岖有时 行则必至** 有人说，幸福的人都沉默。因为幸福的人从不比较，若与人相比，只会觉得自己处境悲凉。

愤怒，需要被看见

□文 君

今天你愤怒了吗？回想一下，很多时候答案是肯定的，因为愤怒实在是太常见了。那你有没有自省过，我们最容易对谁发火？

首先，我们易对最亲近的人发脾气，而且关系越亲近，越无所顾忌。

有一天，孩子在屋里抛球玩，不小心碰到天花板上莲花形吊灯的玻璃叶片，叶片落地瞬间摔得七零八碎。爸爸听到声响跑过来，顿时怒目圆睁，一把夺过孩子手里的球，咆哮道："你究竟在做什么？不许玩了！"孩子吓得不知所措。事后，我问他爸："如果你的同事来家里做客，和孩子做游戏，不小心弄坏了你的吊灯，你也会这样大吼吗？"他没有回答我。

我解释说："我想你难过和遗憾的情绪应该大于愤怒，而且你会故作轻松地安慰同事——没关系的，不用放在心上；另一个声音也会说服自己——坏了就坏了，已经这样了，岁岁平安。对不对？下次想对孩子发火时，你可以换个角度想，如果是朋友、同事做了这样的事，你会如何反应。"

其次，我们很容易对陌生人发怒。基于互相不认识，我们倾向于将陌生人的行为解读为是针对"我"的，于是"小我"立马汗毛竖起，精神战栗地自我防御起来，摆出一副本人也不是好欺负的架势。

"路怒症"是典型的与陌生人互动时情绪的肆意宣泄。驾驶时的环境满足了让人爆发愤怒情绪的很多条件：一方面，开车时人的情绪状态是中度或是高度紧张的，即便前方车辆一个简单的变道不打灯的行为，都可以向驾驶人释放出"对方威胁了我的生命安全"这样的应激信号；另一方面，大家都坐在车内相对密闭的空间里，无法了解对方的状态，也缺乏任何有效沟通，我们的"小我"就会演化出很多的故事和判断："这人懂不懂开车啊，上路简直就是害人害己！"

接下来的惯常剧本很有可能是这样的：你怒气冲冲地追上这辆车，摇下车窗，对其一番言语攻击，之后一脚油门把对方甩在后面，那时的心情才觉爽快几分。

当然，故事也可能会有另一个脚本：你怒气冲冲地追上这辆车，看到驾车的是你小区的邻居，且是你孩子同学的妈妈，对方似乎已经意识到自己刚才忘了打灯，主动摇下车窗，笑眯眯且谦恭地跟你打招呼。你那一冲而上的怒气，瞬间烟消云散了。

这让我想起《庄子·山木》里记载的一个故事。河中有两条船，其中一条是空船，碰撞过来，这个时候即使是心胸很狭隘的人也不会发怒。但如果有个人在那条船上，那就一定会引来大声呼喊，呵斥来船后退，如果对方不回应，那很可能导致骂声不绝。

都知道愤怒对泄愤者和被泄愤者都不好，那我们该怎么办？对待愤怒更好的方式是看到愤怒的源头，需要搞清楚愤怒背后有哪些根深蒂固、原本深以为然的信念。所有发泄愤怒的人，都有一颗受伤的心。如果这颗受伤的心能被看见，被探寻，愤怒就会自然化解。

回想一下，每次你感到愤怒，背后总是有一个包括"应该/不应该"与"必须"的深层信念。例如，他"不应该"用这种语气和我说话，他"不应该"怀疑我的人品，等等。找到你思想中这些"应该/不应该"与"必须"，就找到了恨与愤怒最重要的根源，接着反躬自问，质疑这些我们习以为常、不假思索、不断强化的信念。

通过对愤怒情绪背后信念的刨根问底，你会发现之前义正词严的那些想法都会松动，甚至轰然倒塌。那么，还有必要生气吗？

崎岖有时 行则必至

未经世事的人习于顺境，反而苛以待人；饱经沧桑的人深谙逆境，反而宽以处世。

如何正确地道歉

□ [西班牙]劳拉·冈萨雷斯 译/刘 梦

美国南俄勒冈大学语言学教授埃德温·巴蒂斯特拉,在《对不起:公开道歉的语言艺术》中写道:"很多人对'道歉'这一行为存在误解,觉得道歉是一种软弱无能的表现,但其实,正确的道歉不仅能表达出道歉者的悔意,化解对方的负面感受,还能增强道歉双方之间的信任。"

2017年的欧冠决赛中,莫雷诺因踢了对方球员一脚被罚下场,事后第二天,他在道歉信中写道:"我一直深爱着足球这项运动,但在那一秒,我抛弃了自己长期以来对这项运动的尊重;在那一秒,我为那些在球场边呐喊的孩子做了坏示范;在那一秒,我满脑子只想着如何攻击那位毫无防备的对方球员。我没有靠球技堂堂正正地击败对手,而是使用了如此不入流的手段,就像一个懦夫。我的行为给对方球员、球队,我方球员、球队,现场及所有喜欢足球运动的球迷造成了无法弥补的伤害,对此我深深地感到抱歉,我背叛了足球精神,我会为自己愚蠢的行为负责。"莫雷诺真诚的道歉不仅赢得了对方球员的谅解,也化解了两队的纷争,可以说是很成功的一次道歉了。

美国马萨诸塞大学精神病学教授艾伦·拉扎尔曾说过,道歉与接受道歉,是人与人之间能够进行的最深刻的互动。道歉可以缓解犯错一方心中的内疚感、羞耻感,让其不再那么恐惧会遭到对方报复;接受道歉则可以化解被冒犯一方的屈辱与怨恨,打消要报复对方的念头,转而给予对方宽恕,双方的关系最后得以修复。从莫雷诺的道歉中,人们可以感受到他的内疚感、羞耻感,再加上他没有找任何借口,坦白地承认了自己的错误,所以争取到了人们的同情和理解。

道歉除了必须发自内心,还有一些小小的技巧,可以让道歉更容易被对方接受。

首先，道歉要尽量避免用到"但是"这样的词语，例如："很抱歉我踩了你一脚，但是你当时站得实在是离我太近了。"包含"但是"的道歉，听上去很像是在为自己的错误找借口，还顺带把责任推给了对方，结果可能是道歉不成，反而让对方更加反感。

其次，在道歉中千万不要使用条件状语从句，例如："如果我没做好你交代的事情，那么对不起。"这样的道歉听上去不像是你在主动承认自己的错误，而好像在暗示是对方要求你道歉，你才不得不道歉。想表达一样的意思，只要把句子换成"我没有做好你交代的事情，对不起"，对方听起来就会舒服很多。

再次，在道歉中不要回避自己的问题，要简单明了地说出自己到底做错了什么。例如，当你把别人的东西弄丢了，对方因此生你的气，这时如果你说"我很抱歉让你生气了"，这样的道歉听上去不像是你在承认错误，反倒像是在把责任推给对方，给对方造成一种你在避重就轻的感觉。同样情况下，简单的一句"我很抱歉把你的东西弄丢了"，听上去反而更真诚。

最后，除了言辞上要注意，道歉时的肢体动作也很重要。在注重礼仪的东方国家，人们在道歉时会使用"最敬礼"，它不同于一般鞠躬30度的敬礼，要求鞠躬的倾斜角度超过45度。行最敬礼时，双腿应合拢站定，双手交叉放在身前，或者垂直贴在裤子两侧，身体形成一条直线，先注视对方的眼睛，然后上半身迅速倾下45度，鞠躬停留一会儿，再缓缓抬起上身。这样的道歉礼仪在一些人看来也许过于烦琐，但它确实很有用。

崎岖有时 行则必至

人的快乐并非因为没有痛苦，而在于放弃了抱怨，就像水的清澈并非因为不含杂质，而在于懂得了沉淀。

"动嘴"有分寸

□余仁山

人与人之间的交流，离不开语言。乍看，无非上嘴唇一碰下嘴唇，说话而已。其实，该怎样交流、如何谈吐，并非谁都能处处得体、时时出色。

中国古人对此早有描述。比如，"酒逢知己千杯少，话不投机半句多"，点明了聊天的重要性；再如，"良言一句三冬暖，恶语伤人六月寒"，勾勒出不同语言的特殊效果；还有，"勿多言，多言多败"，重在劝诫他人别多说话，毕竟，话多招损；更有，"恶言不出口，苟语不留耳"，专指恶毒的语言危害性更高，如果听到了别人的类似坏话，干脆别在意……

恰当地赞美他人，艺术地劝诫朋友，总能让人心生感动。显然，人类语言的表达与交流，确实潜力巨大，足以连通起各种生活细节。想起巴尔扎克那句名言："在巴黎，阶沿上有耳朵，门上有嘴巴，窗上有眼睛。最危险的莫过于在大门口讲话。彼此临走说的最后几句，好比信上的附笔，所泄露的秘密，对听到的人跟说的人，一样危险。"

中国人笃信"金无足赤，人无完人"。任何人都可能有五花八门的缺点与不足，语言交流也要注重这一点。西方有句谚语："会说的，能把人说笑；不会说的，能把人说跳。"有才学、有头脑、识大体、顾大局的人，应选择合适的时机和场合，以适当的方式，委婉地指出对方的问题与不足。倘若不顾时机、场合，不讲方式、技巧，往往会让对方觉得面子尽失，反倒会招致反感，甚至对抗。最巧妙的做法，还是将个人的动机与客观的时机紧密结合，恰当地把握说话的策略与艺术。

春秋时期，晋灵公为了享乐，下令修建一座九层高台，引起了民众的强烈不满。大臣们相继劝谏，可是，晋灵公执意不听。有位叫荀息的大臣心生一计，先拿十二颗棋子摆在地上，然后取出九个鸡蛋叠放在上面。晋灵公连呼

"危险"，荀息意味深长地说："这还不算危险，还有比这更危险的事呢。您修建的九层高台，动工三年，民不聊生，如遭外侵，朝廷不就像摞起的鸡蛋一样危险吗？"晋灵公听后吓了一大跳，连忙下令停止筑台。成语"危如累卵"，便源自这段历史。毋庸置疑，在重大问题上，荀息艺术性地把握住了思想交流的时间、地点与方式，最终顺利完成了进谏君主的大动作。还好，晋灵公拥有最起码的是非判断能力，没有酿成大祸。即便当事人的步子迈得有些急切，已经造成了一些损失，如果能够迷途知返，也算有所裨益。

说话是一门艺术，假话全不说、真话不全说，是一种智慧；看破不说破、知人不评人、知理不争论，更属一种智慧。"假话全不说"指不说假话，重在提醒公众，做人要诚实，任何时候都不要为利益所动，绝不说假话、不说违心话。说假话将使个人、社会、国家付出沉痛的代价。

"真话不全说"则指真相犹在，却未必全盘托出，毕竟不分场合、不顾他人感受，把真实想法公之于众，很可能对他人造成不必要的伤害。看来，适当把握讲话的深度与广度，也属一种人文智能。

孔子曾告诫："可与言而不与之言，失人；不可与言而与之言，失言。"这是在提醒大家，每逢说话前，要想清楚"可与言"和"不可与言"这两种情况。如果事先没有这种区分，遇到那些有诚意、可信赖的"可与言"的人，自己却"不与之言"，不说出真话，那么，就是有意无意的失礼了；若对方属于"不可与言"者，仅凭几句漂亮说辞，就"与之言"，那就属于失言了。因此，不但力求自己不讲假话，还要知道对哪些人敢说真话，对哪些人可以"真话不全说"，唯其如此，才能成为真正的交流高手。

明代《增广贤文》中说"隐恶扬善，执其两端"，意思是在为人处世中，不要老揭别人的短处，而要多宣扬别人的长处；清代《格言联璧》中说"静坐常思己过，闲谈莫论人非"，意思是独自静坐时要经常反省自己的过错，与人交谈时不要老谈论别人的是非。如此看来，"动嘴"看似简单，其实大有学问。

崎岖有时 行则必至　　每当你发现自己和大多数人站在一边，就该停下来反思一下。

"社恐"的福利

□青 丝

西班牙一个患有社交恐惧症的妇女为了避免跟人打交道，假扮盲人，时隔28年才被识破。看到这则新闻的瞬间，我自动"脑补"了许多细节：有人以为她看不见，流露出厌恶、嫌弃的神情，或以次充好、偷偷把劣质商品卖给她，她只能假装什么都没看见——类似的片段肯定会让她有一种人生如戏的深刻感受。

在"社恐"这个词流行之前，我一直没意识到自己也有社交恐惧症，反而以为喜欢独处是一种礼物，可以不受社交关系的干扰，让自己处在一个更客观的角度看清事物的真相。英国利物浦约翰摩尔斯大学文化史教授乔·莫兰在《羞涩的潜在优势》里就认为，有社交尴尬和社交焦虑的人更容易成为业余人类学家，因为这一类人更善于观察。

回想起来，一切早有征兆。我幼时最喜欢看《鲁滨孙漂流记》，常幻想自己能像鲁滨孙那样独自在一个荒岛上生活，还与小伙伴互相编故事糊弄对方。我杜撰过有人不小心在荒野一脚踏空，掉入地底一个巨大的人造堡垒，里面食物、水、生活用品一应俱全，不幸的人被迫与世隔绝地度过了一生……多年后我看到很多网络小说用的是同样的套路，感觉自己就像一个赶了早集的人。

事实上，也不是没有这样生活的人。19世纪，英国波特兰公爵不想跟任何人打交道，包括家里的仆人，为此他在自家城堡下面挖掘了长达15英里（约24千米）的隧道，弯曲回转如同迷宫，绕过一切须与人见面的场合。很多"社恐"的人，以独处作为测定自己的精神仍然存在的标尺，就像美国艺术家艾格尼丝·马丁说的："生活中最好的事情都是在独处时发生的。"

我的"社恐"症状虽然没有这么严重，但也会为一些尴尬的相处而感到焦虑。有一次独自去郊外远足，途中遇到一个"半生不熟"的人，很热情地要跟我结伴走完全程。我浑身不自在，不断假装系鞋带，或停下来喝水，脑子里始终在盘算如何才能各走各的路。

不过，"社恐"尽管有时会让人极为沮丧，但也会给予人一些好处作为补偿。斯坦福大学心理学教授泰勒认为，"社恐"患者由于缺乏社会存在感，反而更容易投入自己感兴趣的事物当中，坚定自己的选择，不易被外界干扰。换句话说，与社交场上的焦点、喜欢被他人注视赞赏的"社牛"相反，"社恐"的人身处一个封闭的系统，会很自然地在这个内在框架里寻求超越，因为人类自我成就的欲望写在基因里。达·芬奇、牛顿、爱因斯坦、达尔文……无不如此。

用萧伯纳的话做总结：理智的人会适应环境，不理智的人则要环境适应自己，但历史是由后一种人创造的——这也是至今尚未创造任何成就的我，常用于自我安慰的金句。

崎岖有时　行则必至

五岁时，妈妈告诉我，人生的关键在于快乐。上学后，人们问我长大了要做什么，我写下"快乐"。他们告诉我，我理解错了题目；而我告诉他们，他们理解错了人生。

宝钗的逆商

□陈艳涛

我的一个朋友发出感慨:"明天和意外不知道哪一个先来。"酷爱健身的她,在健身中心因为教练的操作不当而摔得胸部骨折。她在医院里躺了两个多月,一边治疗,一边努力维权。我去医院看她时,她的隔壁,躺着一个在逛街时被一辆疯狂行驶的车撞成重伤的姑娘。

她们都经历过一段极难熬的日子,不断地回忆,大声地控诉。在愤怒、沮丧、懊悔、悲伤、绝望等情绪里起伏,不能平静。但今天,她们已经可以躺在那里讨论自己的伤残情况能评到几级。她们甚至商量着去领残疾人证,以方便以后找停车位。

时间是最好的治疗师,但在变化万千的命运面前,你如何能提前感知、稍做准备,也许是世间最难的课题。但有一些人就有这样的能力。比如《红楼梦》里的薛宝钗。她出身于"珍珠如土金如铁"的薛家,见识过真正的富贵荣华,但因为父亲早逝、哥哥莽撞无能,她眼看着家族一点点衰败,却无可奈何。所以她在心理上、日常生活里,一直有一种危机意识。

在人际关系上,她广结善缘,时常在贾府里给众人分送各种礼物,连人人厌憎的赵姨娘母子都不遗漏。正如脂评所说:"待人接物不亲不疏、不远不近,可厌之人亦未见冷淡之态,形诸声色;可喜之人亦未见醴密之情,形诸声色。"她几乎团结了所有人,就连底层的小丫头们，也多爱和她亲近。

在日常生活里，宝钗衣着半新不旧，不爱"花儿粉儿"，连住处都布置得"雪洞"一般，一色玩器全无。

在知识技能储备方面，宝钗几乎是个万事通，不只是文学才能可以媲美林黛玉、史湘云，更是"杂学旁收"，对绘画、戏曲、中医养生，乃至生活中的各类常识都有广泛的涉猎和了解。她善理财，也懂管理，了解内情，也深谙人性，在探春大刀阔斧搞改革时，宝钗的"小惠全大体"做了极好的查漏补缺和细节完善。

她经历过家道中落，体验过由此而来的世态炎凉、人生甘苦，所以她能居安思危，总在做各种准备。虽经家族变故、生离死别，"亦能自安"，淡然处之、从容应对，但觉"天下一切无不可冷者"。

在智商和情商之外，拥有逆商同样重要。当我们生气动怒时，遇到艰难困苦时，遭逢厄运时，甚至在与亲人生离死别时，都可以细细品读《红楼梦》里关于宝钗的描写。她的言行和待人处世态度中所包含的情商和智慧，在除去时代赋予她的局限之后，都是我们学习的榜样。

崎岖有时 行则必至

世上多的是比恺撒不足，却比乞丐有余的人。在眼皮里没有灰沙的时日中，零零碎碎的如意总是有的，然而难以构成快乐。因而我选了一个淡淡的"目的"，使许多种微茫的快乐集中，不停地变化着。

不必立"有趣"的人设

□唐占海

不知从什么时候起,"好看的皮囊千篇一律,有趣的灵魂万里挑一"成了一句热度极高的话。于是,很多人开始追求"有趣的灵魂"。

他们好像觉得一个无趣的人会被全世界抛弃。无趣意味着古板沉闷,缺乏情趣,不讨人喜欢。跟无趣的人相处,就像读一本味同嚼蜡的书,又累又乏味。谁愿意当一个无趣的人呢?万里挑一的有趣灵魂才是人们追求的终极目标。人们恨不得把"有趣"二字写在脑门上。

而这些人中,有相当一部分并非真的如此"有趣",而是为了迎合别人表演出来的有趣。因为你跟他们接触一会儿就会发现,他们表演出来的"有趣"漏洞百出,比如说自己喜欢琴棋书画,可连基本的常识都没有。他们总是故作幽默,却总是把一个笑话讲得异常尴尬,让别人听也不是,不听也不是,笑也不是,不笑也不是。

我以为,不必立"有趣"的人设。有趣不是为了迎合别人,而是为了取悦自己。也就是说,"有趣"不是给别人看的,而纯粹是自己的事。比如写《瓦尔登湖》的梭罗,离群索居,过着非常简单朴素的生活。他的隐居生活别说有什么娱乐,连朋友都少。在旁人眼中,这样的人就是孤独的怪人。但谁了解他内心的丰盈和有趣呢?湖水木屋,月亮飞鸟,白雪冬树,魅力无穷的自然给了他最好的滋养,他笔下的文字优雅清新,轻灵美好,源于他有着"有趣的灵魂"。有趣的灵魂,并不是他刻意展示给别人看的,而是他顺着自己的心愿、做自己喜欢的事所展现出来的自身魅力。

类似的人有很多,古今中外都有。很多伟大的艺术家,在人们印象中并非有趣的人。他们可能孤僻，甚至无法融入人群，与这个世界格格不入。但他们沉醉在艺术世界中，享受着无穷的乐趣。从某个角度评价，他们也是有趣的，他们的精神世界充满趣味。这种趣味，别人无法理解，他们享受其中。这就足够了。

我认识一个写小说的人，他过着"躲进小楼成一统"的日子，除了读书写作，他的生活乏善可陈。吃喝玩乐这类看似"有趣"的事，他不感兴趣。周围人提起他，也经常流露出不解。可他全然不在乎这些。他不会为了让别人觉得有趣而改变自己，更不会主动迎合别人。他过着数年如一日的简单生活，却觉得心灵舒适而丰盈。因为做着自己喜欢的事，他身上散发出来的是从容自信的光彩。接触之后，你会感到他是有趣的。他的有趣，闪烁着学识和灵魂之光。不取悦别人，悦己者才是赢家。

不必立"有趣"的人设，因为人生是自己过的，不是给别人看的。有趣也应该是自己的感受，而不必秀给别人看。

> 崎岖有时 行则必至
>
> "占有欲"和"体验欲"是两种不同时代的人性焦虑。前者源于匮乏时代，后者则源于丰裕时代。人类社会越丰裕，"占有欲"的荒唐就越暴露无遗。

马车越空，噪声就越大

□曾洪根

有这样一个小故事，值得一读。

一对父子，走在林间小径上。父亲忽然停了下来，望着自己的儿子。在短暂的沉默之后，他问道："你听到了什么声音？"

儿子仔细地听了听后回答说："我听到了鸟儿的叫声。"

"除了小鸟的歌唱，你还听到了什么声音？"父亲又问孩子。

儿子侧耳倾听，笑着说："还有马车的声音！"

"是的，是一辆马车，而且是一辆空马车。"父亲若有所思地说。

儿子非常奇怪，于是问父亲："你并没有看到，怎么知道那是一辆空马车呢？"

父亲答道："从声音就能分辨出马车是不是空的，因为马车越空，噪声就越大。"

儿子思索着，觉得非常有道理，于是常常反省自己。每当看到那些滔滔不绝，粗暴地打断别人谈话的人，或者那些目空一切、肆意贬损他人的人，他的耳边就回想起了父亲的那句话："马车越空，噪声越大。"

"满瓶不响，半瓶晃荡"，真正有学识的人往往谦虚谨慎，行事通常比较低调，不会轻易显露自己的能力；没多大本事的人则喜欢虚张声势，到处卖弄聪明。所以，真正聪明的人不向人炫耀，他们但求尽其本分，而不愿将精力耗费在无谓的争名逞能上。

> 崎岖有时 行则必至
>
> 生命是一种律动，需有光有影，有左有右，有晴有雨……滋味就含在这变而不猛的曲折里。

第五辑

且自行动,
让青春不负梦想

等信的马尔克斯

□ 申赋渔

马尔克斯又到楼下的门房去问，有没有他的信。没有。他给所有的朋友都写了信，没有一个人回他。他拉开床头的抽屉，里面已经没有一分钱。

1956年，他被派往欧洲后，他供职的哥伦比亚《观察家报》被查封了，报社已经不可能寄钱给他。马尔克斯住在一家旅馆的阁楼上，交不出房租，也没钱吃饭。

60年之后，我来寻访马尔克斯困守的这家小旅馆。小旅馆在索邦大学旁边一条路上，门边的墙上挂着一个马尔克斯的小雕像。旅馆的小厅里有一个书架，上面放着法语版和西班牙语版的马尔克斯的书。1957年，马尔克斯在这里写出了《没有人给他写信的上校》。他说这是他写得最好的小说。

马尔克斯这句话带着强烈的感情色彩。因为不是没有人给上校写信，而是没有人给他，给29岁的马尔克斯写信，确切地说，是没有人给他寄钱。

马尔克斯已经饿得没办法了。他到处收集旧报纸和空酒瓶去换钱，或者捡法国人不吃的肉骨头、猪下水，拿回来煮一煮吃。即便这样，他还得写作，因为写作才是他的希望。

他在写他的外公，那个每周去邮局等信的上校。他小时候是跟着外公外婆过的。对于外公这种古怪的行为，他一直当成一个笑话。当他拿起笔的时候，他是想写一部喜剧的。可是在巴黎，在他天天等朋友们救济的时候，他把喜剧写成了痛彻肺腑的悲剧。

马尔克斯写完这部小说改了9遍。因为除了改小说，他也做不了其他事。他写得累了、饿了，就会下楼，到旁边的卢森堡公园里转一转。公园很近，离小旅馆只有几百米。

我从小旅馆出来，往右拐到圣米歇尔大街。沿着这条街再往左走几步，就看到了卢森堡公园。就在这短短的街道上，1957年，在一个下着雨的春日，一位穿着破旧牛仔裤、格子衬衫，戴一顶棒球帽的老人，生气蓬勃地走在旧书摊和从索邦大学走出来的学生当中。马尔克斯在街道的对面看到了他，认出了他，他用双手圈在嘴上激动地朝他大喊："大——大——大师！"那人回过头，朝他挥挥手，回应道："再见，朋友。"这个人是海明威。30多年前，他和马尔克斯一样，在卢森堡公园用散步来抵挡饥饿。这是他们唯一的一次相遇。

我站在这些曾经为潦倒的海明威和马尔克斯遮风蔽雨的梧桐树下，突然间，仿佛洞悉了命运的秘密。马尔克斯在他的小阁楼上，几乎研读了海明威的所有作品，用他的"冰山理论"，写出了《没有人给他写信的上校》。而就在此刻，海明威竟然真的从他眼前走过了。马尔克斯的激动，并不只是景仰，还觉得他从海明威的手里接过了什么。也就是从这一刻开始，海明威的时代结束了，另一个时代开始了。虽然人们意识到这一切，还要再等10年，等马尔克斯写出《百年孤独》。

在小说里，上校卖掉了家里所有能卖的东西，妻子怕别人知道家里已经揭不开锅，放了石头在锅里煮。可是上校仍然不肯把那只斗鸡卖掉。他要等斗鸡上场比赛，他认为斗鸡一定能赢。"那这些天我们吃什么？"妻子一把揪住上校的汗衫领子，使劲摇晃着，"你说，吃什么？"上校活了75岁——用他一生中的分分秒秒积累起来的75岁——才到了这个关头。他自觉心灵清透，坦坦荡荡，什么事也难不住他。他说："吃屎。"那只宁可饿死也不肯卖的斗鸡，就是马尔克斯的文学梦。

离开巴黎20多年后，马尔克斯重回他曾居住的小旅馆。当年走的时候，他身无分文，付不了房租。好心的房东没有难为他，只是祝他好运。现在，他刚刚获得诺贝尔奖，就专门来还这笔房租和多年的利息。可是，房东已经不在了，房东夫人还在。房东夫人流了泪，因为他是唯一记得来还房租的人。她没有收他的钱，她说："就算我们为世界文学尽一份力吧。"

> 纵有浪起披荆斩棘　如果你想改变世界，那么请先让自己变成你想成为的样子。

爱上无聊、枯燥和乏味

□[美]詹姆斯·克利尔 译/迩东晨

我们都有梦想，但我们也知道，始终集中精力朝着梦想坚持下去，是一件很难做到的事情。我常听人说这样的话："我一开始是真的想这样做，但时间一长，就坚持不下去了。""我还是很有毅力的，只不过时间久了，无法保持专注。"

其实，我也是如此。我开始启动一个项目，做了一点儿工作，然后失去兴趣，便尝试做其他事情，而在做其他事情时，又会出现同样的情况。就这样，我做每件事情都浅尝辄止，从来没有真正取得多大的进步。

也许你也有这种感觉。这让我想起了一件事情。有一回，我遇到一位教练，他在漫长的职业生涯中与数千名运动员共事过，其中包括一些著名的运动员和参加奥运会的选手。我问了他一个问题："为什么有些运动员能出好成绩，有些却不能呢？"

教练说了一些我也可能会想到的因素，比如基因、运气、天赋等，但也说了一些我没想到的话。他说："从某种意义上说，运动员能否赛出好成绩，取决于他能否处理好无聊、枯燥和乏味的训练，一遍又一遍地做同样的事情。"

教练的回答令我惊讶，因为这与我的认知有些不一样。人们谈到如何实现目标，必然会提及激情和兴趣，甚至把一切都归结于这两个词。当我们对一件事情失去"激情"，不再有"兴趣"的时候，我们会感到十分沮丧，因为我们觉得自己与那些成功人士的差距太大了，他们仿佛有无尽的激情和无穷的兴趣。但这位教练告诉我，成功的运动员并不比没有成功的运动员对运动更有激情和兴趣，他们同样时常感到无聊、枯燥和乏味，不同的是，他们总是有能力找到一种方式让自己坚持下去。正是这种能力，让运动员分出了高低。

因此,过分强调激情和兴趣,有时候会让我们感到迷茫,甚至自我怀疑。事实上,无论我们对一件事情有多么大的激情和兴趣,时间久了,我们都会厌倦,不同的是,杰出的人会战胜这种厌倦。

我们时常把梦想与事情的结果联系起来,而忽视了事情的过程。下面是一些常见的例子:

"只要我减重10千克,就会保持健康。"

"如果我能办一个重要的画展,在美术界就有知名度了。"

如果观察那些卓越的人,我们会发现他们都是始终如一朝着目标前进的人,他们能够脱颖而出,是因为他们享受过程,陶醉在日常练习中。这种享受和陶醉,与其说是出自激情和兴趣,不如说是出自他们找到了一种应对无聊、枯燥和乏味的生活方式。当然,更有趣的是,当有了这种享受过程的生活方式,他们一般都会得到好的结果。

如果你想在任何事情上做得更好,你就必须爱上做这件事的过程。换言之,爱上无聊、枯燥和乏味,不断地重复,不停地练习,才能让结果成为过程中自然而然的一件事情。

> 纵有浪起
> 披荆斩棘
>
> 对每个人而言,真正的职责只有一个:找到自我,然后在心中坚守其一生,全心全意,永不停息。

没有人这样画太阳

□莫一奥

19世纪与20世纪之交，尼采离世。大约6年后，瑞典收藏家欧内斯特·泰尔向著名画家爱德华·蒙克发出邀请，希望蒙克可以画出一幅风格独特的肖像画，以纪念尼采这位思想深邃又影响深远的哲学家。

蒙克先是完成了一幅草稿。草稿中的尼采侧向站立在桥边，陷入沉思，其身后丝带状的红黄色云彩与被长桥切割的整体构图，像极了蒙克创作于10多年前的名作《呐喊》。

两者不同的是，《呐喊》中的云、路和桥似乎处于快速行进之中，有着强烈的动势，迫使人们竭力呐喊，其声响足以穿透内心；最终版的《尼采肖像》安静了许多，蒙克去除草稿中的红色彩云，只保留黄色天空和蓝色远山。由此，画作便被忧郁而不是动势包围。这样的塑造方式，恰巧符合20世纪初期的时代特征——压抑与沉闷。而作为哲学家的尼采，则是默默站立，透露着思想者的担忧。

蒙克的忧郁，是时代所致，更是其家人相继离世造成的情绪堆积。1908年秋，蒙克变得愈加焦虑，自我调整无果后，自愿住进了治疗精神类疾病的专业诊所。在那里，通过服用药物及与医生交谈，蒙克的病情获得了奇迹般的好转。几个月后，蒙克回到家乡奥斯陆，以往作品中恐惧和焦虑的元素逐渐消散，悲观成分逐渐减少。他更多地表现出对大自然的兴趣，所用色彩逐渐明亮，画作题材逐渐多元。

这一时期，蒙克最为重要的作品，是他为奥斯陆大学新礼堂创作的《太阳》。为了呈现出令自己满意的效果，蒙克勾画了几十幅草稿。最后，更能表现阳光普照场景的横向尺幅的作品图式被保留下来。

没有人像蒙克这样画太阳。比他年长10岁的凡·高，将太阳视作希望，在写给弟弟提奥的信中,他说:"太阳给所有事物都披上了一层金色的光芒,这样的颜色,代表着光明和希望。"凡·高的画亦是如此,《黄色的太阳与橄榄树林》一画中,短促的线条布满天空、树木与地面,它们混合着太阳的温度任意流动,画面满是温煦的暖意。

蒙克画的太阳,是初升的太阳。它带着晨曦特有的锐利的力量感扑面而来,那光芒,隐含着不容辩驳的穿透力,炽热又刺眼。它甚至隐隐透出一丝神经质,一种有着强大吸引力的神经质,使人不得不驻足欣赏。对于尺幅巨大的《太阳》,蒙克没有过多描述。他淡淡地说道:"看见太阳从岩石上升起,我画了太阳。"

除了《太阳》,同时被放进奥斯陆大学新礼堂的,还有《历史》《母亲》等多幅画作,它们分列《太阳》两侧,共同构成了阳光照耀下的人类世界——《历史》中的老者,向孩童讲述着过往的一切;《母亲》中的场景更为明确,象征着人类繁衍生息的过程。

蒙克之所以能画出如此不同的《太阳》,或许与尼采有着千丝万缕的关联。1906年,蒙克接受委托之后,曾拜访过尼采的妹妹伊丽莎白。此后,蒙克开始翻阅尼采的书籍,并对其理论有了更加深入的了解。

对于太阳,尼采的描述更加激进,他写道:"我的智慧,可比太阳,我愿意做他们的光,但对他们来说,这太过炫目。"有趣的是,当把这样的语句与蒙克的《太阳》并置,会发现,两种表达方式和谐相融,而高傲的尼采也不再孤独。

1907年,收藏家欧内斯特位于瑞典的住宅落成,他将那里打造成了一座私人博物馆,供朋友前来参观。博物馆顶层有两间展厅,其中一间,陈列着尼采的作品和蒙克早期的诸多版画。

两位未曾谋面的创作者在这里再次相遇。面对蒙克的早期作品及其灰暗人生的隐喻,同处一室的尼采,也许会在欣赏一番后说出那句经典语句:所有不能将你打败的,终会使你更强大,如太阳般强大。

> **纵有浪起 披荆斩棘** 我什么也没忘,但有些事只适合收藏。

无畏地追光

□ 盛 韵

小说大师詹姆斯·乔伊斯生命的最后十年住在巴黎，努力完成他那部几乎无人能懂的小说《芬尼根的守灵夜》，同时要担心财务状况、家庭矛盾和每况愈下的视力。好在他有一位密友兼顾问保罗·L.莱昂替他分忧解难。

莱昂是俄裔犹太人，原本研究卢梭和贡斯当，碰上乔伊斯后立刻变成他的铁杆粉丝，不但为了偶像放弃自己的事业，还全身心投入乔伊斯的事业，为他抄写并校对手稿、回复公私信件，且不收取分文报酬，也抗拒被称为乔伊斯的秘书、经纪人或律师。他自称，只要能亲身在一旁见证乔伊斯的创作过程就是最大的回报。

莱昂的妻子露西是一位专栏作家，她回忆在巴黎的日子，乔伊斯几乎每天都来找莱昂，谈校样、版税或乔伊斯的女儿露西亚的健康问题。校样就是尚未完成的《芬尼根的守灵夜》。法国打字员几乎不懂英语，而作者又是个"老改犯"，校对难度可想而知。露西对这个霸占了丈夫绝大部分时间和精力的男人还算大度，乔伊斯也有些不好意思，经常对露西开玩笑："你怎么还不把我赶出去呢？"

1940年，德军占领巴黎，乔伊斯和莱昂逃到了法国乡下。接着，莱昂做了一个错误决定：他决定返回巴黎，去乔伊斯的寓所收集文件和手稿。有学者写道："如果不是保罗的义举，我们今天对乔伊斯生平和作品的认识会大大减少。"

莱昂返回后，先被德军关进了位于法国的纳粹集中营。1942年3月26日，他给妻子写了绝笔信，次日被送去了恐怖的奥斯维辛集中营，4月4日遇难。

> 纵有浪起 披荆斩棘
>
> 当你决定要出发时，旅行中最艰难的部分已经结束。

大　山

□ 以 宋

普通人找到山间的智者，向其倾诉愿望不能实现的苦闷。

智者捡起一块石头问普通人："若你有一把锤子，能锤碎它吗？"

普通人说："完全可以。"

智者指着路边的一块大石头说："你拿锤子能把它敲碎吗？"

普通人挠着脑袋说："可以，但需要几天时间。"

智者指着前面一座高耸入云的大山，说："你能锤碎大山吗？"

普通人想也没想，就说："不可能。"

智者微笑道："若你的意志像山一样巨大坚硬，谁还能阻止你去实现愿望呢？"

普通人方大彻大悟，告辞下山了。

> 纵有浪起
> 披荆斩棘

一切在世人看来最艰难的所在，一切人迹罕至的地方，其实是命运对于意志达成最彻底的考验之处。

从一个梦到另一个梦

□风 中

自小他就认为自己是个天文爱好者，尽管连最著名的北极星也分辨不出，可这个想法依然与他如影随形。

在很小的时候，他想要一架天文望远镜。因为他觉得作为一个天文爱好者，这是基本的装备。可那个时候，他还太小，这个要求无论如何都无法向父母启齿——连个普通的玩具父母都要考虑好久才给买，更何况是这么大个儿的玩具——在父母眼里，天文望远镜就是个玩具。有那么一段时间，这个想法疯狂侵蚀着他，每一分钟他都在想象自己有了望远镜之后可以做的事情。可是，这个想法在某天突然淡了，然后越来越淡，直至消失不见。

没有那个想法盘桓的日子里，他过得很愉快，毕竟是个小孩，毕竟周围还有那么多的东西可以去关注。甚至在后来，他怀疑自己是否真的有过那个想法，但也只是有那么一点儿疑惑而已，因为和其他的小朋友一起玩，貌似才是更真实的生活。

生活可以毫无波澜地向前推进，即便有过涟漪，也能被时间抚平。在之后的成长中，他迷恋过风筝，不管高空低空，总之都是天空，与天有关就好，天文梦的表现形式可以是多样的。那段时间，他恨不得每天都可以去那片草地上放风筝，度过愉快的一整个下午。他以为这样的日子可以过好久，但是春天很快过去了，风筝被束之高阁，此后年年落灰，直到破掉烂掉也不曾再次起飞。爱好嘛，是会随着时间改变的。

可是某些东西虽然当时远离了自己，但可能只是深埋心底，在某些时候又会发芽生长。尽管渴求天文望远镜的想法熄灭了，可是天文爱好者的自诩,再一次强势浮现于他的心海。夜空中有那么多星星,谁说一定要用外物才能看见?用肉眼看一样也可以。此时,他的梦想变成了看一看那些天文奇观。在他眼里,最值得看并且没有看过的,是流星。那拖出一条长尾的星坠,何其壮观。可是现实总是无情,多少年过去了,他一直不曾遇到流星。后来他发现新闻会预报一些流星雨,但还是一次次地错过。而这个看流星的念头,在他心里起了又熄,熄了再起。

  不知道多少年后的某天夜里,在大学校园里行走的他,偶然抬头,正巧碰上一颗流星划过天际,此刻的他,圆了多少年的梦,却没有预想中的兴奋,甚至连激动都未曾出现。自己这样还算是个天文爱好者吗?是否伴随自己这么多年的自诩,其实也如那流星一般,只是漫天繁星中的一个点缀,在某些时候出现一下,然后迅速消失?在漫漫人生路上,那一个个梦,一颗颗星,引导着自己不停地走下去,梦有相似,也略有不同,如那闪闪的星。流星一时没了,可还有那星海,从一个梦到另一个梦,只有这条路,属于自己。

纵有浪起 披荆斩棘 倘若可以蓬勃地生活,那么你生命的意义就会闪烁出光芒;倘若消沉地活着,就算是在盛夏的正午,你的世界也会暗淡无光。

马和鸭子

□ 肖 瀚

你愿意和一只"像马一样大的鸭子"搏斗,还是和100匹"像鸭子一样大的马"搏斗?这是一个很多公司都会向求职者提出的经典问题。

美国作家威廉·庞德斯通认为,面试者想要的并不是什么"标准答案",他们真正关心的是求职者如何思考这个问题,以及如何阐明自己的解题思路。据此,他们可以大致判断求职者的知识结构、思考方式以及擅长的领域,从而为特定岗位招录到更合适的人。

比如,你也可以从字面上来理解这个问题。根据生物学中的"规模变化效应",任何生物的体重都与其身高的立方成正比,而肌肉和骨骼的强度与其身高的平方成正比。这就是为什么蚂蚁之类的"小个子"可以举起数倍于自身重量的东西,而"大块头"即便有粗壮的四肢,承重能力也与体格不成正比。如果从这个角度看,当一只鸭子被等比例放大为马一般的大小,其细瘦的腿可能无力支撑起巨大的身体。这样的鸭子别说战斗,恐怕连站起来都费劲。所以,答案只能是前者。

实际上,早年间,用人单位只关心"核心业务问题",对于延展思维能力一点儿也不在意。首次提出这一问题的是托马斯·爱迪生。1876年,爱迪生在美国新泽西州门洛公园的一座山脚下建了一家电灯泡厂。一次爱迪生与员工一起就餐时,偶然提到工厂所在的山上有一棵樱桃树。但令他吃惊的是,他的员工表示完全不知情。爱迪生据此做了一项调查。他发现,工厂的27名员工,明明6个月来每天都会路过这棵樱桃树,却从来没有人注意它。

这件事证实了爱迪生的猜想,即很多人根本不关注周围的人和事。发现自己的员工也是如此,这彻底激怒了爱迪生。他认为,拥有一双发现的眼睛和拥有足够强大的知识储备一样重要,对他们这些以发明创新为业的人来说，更是如此。这一信念促使他编撰了一份问卷，分发给那些正向他的公司求职的人。在一次接受媒体采访时，他"吐槽"道："他们（不关注周边环境的人）会给公司乃至公众造成难以估量的损失。企业应该准备一份小问卷让求职者填写，这一做法至少可以避免那些极不称职的人被招录。"

公众显然把爱迪生的这番牢骚当成了信条。仅1921年5月，《纽约时报》就针对爱迪生编撰的调查问卷发表了23篇文章和社论。不少企业开始绞尽脑汁地设计自己的问卷，各大高等学府和咨询机构的专家也纷纷上阵分析"小问卷"与创造性之间的对应关系。

威廉·庞德斯通直言，爱迪生编撰的调查问卷开启了长达一个世纪的相关研究，但直至今天也没有哪位专家能够给出确定的结论。他认为，无论是当年的小问卷，还是后来颇为流行的性格测试，只有一定的辅助功能，但并不具备定义个人潜质和潜能的能力。

一个极具戏剧性的事件是，有记者拿出当年爱迪生的问卷，请几乎同一时期的物理学家阿尔伯特·爱因斯坦作答，后者居然在一道物理题上出了差错。《纽约时报》兴高采烈地报道："他也是我们（笨蛋）中的一员。"令这位物理学家出糗的问题是"音速是多少"。爱因斯坦的回答是，他不记得，他没有把这条信息记在脑子里，因为答案很容易在书里找到。

应该说，尽管小问卷的科学性确实充满争议，但其启发性依旧值得关注。尤其是面对当今这个充满不确定性的世界，能否用善于观察的眼睛发现问题、用创造性的思维解决问题，考验的是一个人的综合素质。

从某种程度上说，这就是木桶理论在现实生活中的运用。此外，培养跳出框架思考问题的能力也不可忽视，比如在桶的短板下方垫上一块砖头，让整个桶向长板一方倾斜。这样做虽然不能从根本上解决问题，但作为救急用的临时方案，也不失为一个可选项。无论是站在个人成长还是企业发展的角度，找到足够多的选项，都是未雨绸缪。

> 纵有浪起
> 披荆斩棘
>
> 人的一生不应只被视为一场征伐，还是淬炼自己精神人格的一次机会。

用"逆向思维"解决问题

□ 徐 玲

有数据表明,当下中国超过3亿人有失眠的困扰。于是,一系列助眠产品应运而生,比如各种枕头、床垫、助眠灯、香薰精油、褪黑素,以及各种助眠小程序等。

你发现没有,这些助眠产品五花八门,但思路是一样的,就是想尽办法帮你放松,尽快入睡。这是典型的通过"正向思维"来解决问题。但有时候,你越是想去解决一个问题,这个问题就越解决不了,你解决问题的方法可能会反过来恶化问题。比如,有些人在尝试各种助眠方法的时候,会无形中给自己一个心理暗示:万一做了这些还是睡不着,怎么办?他越用力去对付失眠,就越焦虑,也就越睡不着。

那么,有没有可能换个思路,采用"逆向思维"来解决问题呢?我从一位心理学家那儿听到过一个案例,真是思路清奇,让我脑洞大开。

他有个来访者,把市面上所有的助眠产品都试过了,但根本没用。怎么办?心理专家干脆告诉他:睡不着不是正好吗?多出来的时间可以干多少事情?看书,学英语,学一门手艺,成为一个优秀的人。这样,从这个星期开始,每天不到凌晨三点,你不许睡觉,每天晚上看完一本书,然后给我发读书笔记打卡。结果,来访者只坚持了三天,到第四天就困得不行,一翻开书就睡过去了。

这种方法不是这位心理学家的独创,而是心理治疗中一种成熟的方法。有这样一个真实案例。一个自由职业者特别希望独立做出有建树的研究成果。但他有严重的拖延症,一打开书本开始工作,就忍不住想去做其他事情,比如看看有没有邮件,处理一下杂务等。于是,他的研究工作根本无法真正启动,每天都在焦虑地自责。没办法,只好去找心理咨询师求助。

你猜咨询师怎么做？咨询师告诉他说："接下来一个星期，你什么都可以做，就是不可以做你手头的研究工作，这是被禁止的。如果你实在忍不住的话，最多只能工作15分钟，多了绝对不行。"

第二周，来访者告诉咨询师："我按照你说的做了，但是我心里很着急，15分钟太短了，可不可以稍微给我延长一点儿工作时间，我想增加到半个小时。"咨询师说："不行，下周你还是最多只能工作15分钟。"

第三周，来访者告诉咨询师："我虽然只工作了15分钟，但我找到了作弊的方法，就是我没有工作的时候，其实也在脑子里打腹稿。这样的话，15分钟的工作时间就特别高效。"

我们可以想象，这样几周之后，这个来访者就成功启动了他的研究工作，从拖延症里解脱了出来。

当"正向思维"无法解决问题的时候，我们不妨试试"逆向思维"。心理学界有一个金句：问题本身不是问题，问题叠加上一个无效的解决方案，才会成为问题。

> 纵有浪起
> 披荆斩棘
>
> 一个人生命中的最大幸运，莫过于在他的人生中途，即在他年富力强时，发现了自己的人生使命。

花　籽

□林清玄

我背着袋子要北上的时候，爸爸取出一个小瓶子，里面是他亲手培养出来的花籽。他小心翼翼地交给我说："你到那边后，如果有一个花园，就把它种了。"

三年后，我终于找到一所有花园的房子。那时候已经是严冬，花籽摆了三年，到底能不能种活呢？我写信问爸爸，爸爸回信说："只要有土地，花籽就可以活。"他又附寄来一包肥料。

我每天照料着那一片撒了花籽的土地，浇水、施肥。在凛冽的寒风中，我总是担心着，也许它会埋在土地里断丧生机吧！

在冬天来临的第二个月，有一天我打开窗子，突然发现花籽吐了新芽。那些芽在浓郁的花园里，嫩绿到叫我吃惊。是什么力量，让那一瓶从南部带来的花籽，在北地的寒风中也能吐露亮丽的新芽？

花籽吐芽的那几日，我常兴奋得无法睡去，总惦念着那些脆弱的花芽。那是什么样的花呢？我问爸爸，他说："等它开了花，你就知道了。"

慢慢地，花长大了，我才知道那是一些茼蒿菜。茼蒿菜是一种便宜菜，在乡下，它很容易生长，而父亲竟把它像礼物一样送给我，显得那样珍贵。

差不多一个月的时间，茼蒿就在寒冷的冬天里开出明艳的黄花，在绿色的枝梗上显得格外温暖。我想，这么平凡的茼蒿竟是从远地移种来的，几番波折，几番流转，但是它的生命深深地蕴藏着，一旦有了土地，它不但从瓶中醒转，还能在冷风中绽放美丽的花朵。

> 留在港口的小船最安全，但这不是造船的目的。

伊莱莎困境

□ 胡　泳

德裔计算机科学家约瑟夫·维森鲍姆，在20世纪60年代研发了一个人工智能程序"伊莱莎"——音乐剧《窈窕淑女》里女主人公的名字。

当时，维森鲍姆只是要做一个机器人，来给人类进行心理治疗，结果意外发现相当多的人非常信任"伊莱莎"这个人工智能程序。他的秘书甚至也掉进了"陷阱"，产生了所谓的"伊莱莎困境"——明明知道与其对话的是机器人，它给的答案也不是很可靠，可大家依然沉迷其中。有趣的是，维森鲍姆在开发了这款人工智能程序后，变成了人工智能的反对者。

"机器在学习，人类在上瘾"，如果我们只依靠机器获知如何成为优秀的模仿者，我们将永远无法迈出下一步——成为创新者。

纵有浪起 披荆斩棘

我为自己的心感到骄傲。它曾受戏弄，曾经焦虑，曾遭破损，却依然鲜活地跳动着。

我们并不喜欢无所事事

□姚家怡

有上百件事情需要去做,却没有一点儿空闲时间——这是加州大学洛杉矶分校营销及行为决策研究教授莫吉纳·霍姆斯对个人生活的感受,她甚至想过放下一切,搬到荒岛上,每天躺在沙滩上。

"我们应该放弃一切,去住在一座荒岛上吗?"莫吉纳·霍姆斯思索着。在现代社会里,许多人和她一样,感到没有足够的时间,并且不断追求更多自由时间,但是当人过上有着大量空闲时间的生活后,他们真的会感到更加快乐吗?

"拥有适量的自由支配时间的人,会比只有少量自由支配时间的人更快乐,因为它缓解了时间压力。但更有趣的是,拥有大量自由支配时间的人,没有过得更加快乐,因为有了大量的自由支配时间后,人们会觉得缺乏生产力和目标感。"莫吉纳·霍姆斯的研究合作者、宾夕法尼亚大学沃顿商学院市场营销系助理教授玛丽莎·谢利夫说。

她们的研究对超过3.5万名研究对象进行了两项数据分析和实验,探究自由支配时间的量与人的幸福感之间的联系。

在研究过程中,她们首先收集了2.1万名研究对象关于时间使用的调查,受访者会详尽地讲述其在过去24小时内所做的事情,每项花了多少时间,以及个人感受。研究发现,当人拥有的自由支配时间在两小时内时,自由时间与幸福感呈正相关,而当自由时间超过五小时后,幸福感则开始下降。

研究还招募了6000名参与者,让他们在一天中想象不同数量的自由时间。在整个过程中,他们被要求报告在这些场景中的感受,以衡量其幸福感。其后,参加者还被要求想象将空闲时间用于"生产性"活动,如健身、爱好等,或是用于"非生产性"活动,如看电视等。

这一实验结果显示，有太多自由时间和没有足够自由时间一样会使人感到有压力。那些自由时间太少的人，会感受到压力，因为没有足够的时间去丰富生活，或者是做有价值感的事情；至于那些有过多自由时间的人，则因为自己没有足够的产出而有压力。

但是，当参加者把自由时间用于健身或者练习乐器等"生产性"活动时，他们的幸福感并没有随着自由时间过多而下降。研究者总结道："我们人类并不喜欢无所事事。"

莫吉纳·霍姆斯分析，研究数据也展示出两种重要的影响因素——压力和目标感，当自由时间太少时，人会受压力影响；而自由时间太多时，人则会受目标感影响。另外，她指出，这类研究应该结合社会文化背景，其研究数据只是美国人的情况，如果想得到更全面的结论，还需要在不同文化背景下进行研究。

美国心理学研究者夏洛特·弗里茨也赞同该项研究的结果，并认为影响幸福感的不仅是自由时间的多寡，更在于人们如何使用这些时间。她认为，能保持幸福感的"生产性"活动指的应该是"值得的感觉"，而不是实际的贡献，"对一些人来说，这可能是躺在沙滩上看海，对另一些人来说，则可能是去当志愿者或者翻新房子"。

基于这一研究，对自由时间比较多的人来说，把时间用于"生产性"活动，如培养新的爱好、做运动或是学新语言，都是提高幸福感的办法。

> **纵有浪起 披荆斩棘** 我们需要的是对彼此弱点的谅解，只有能互相谅解的人，弱点才能变得并不可憎，甚至于可爱也说不定。

瓦匠生活

□戚 舟

火车站熙熙攘攘，每个角落都弥漫着回家过年的热闹气氛。没想到有一天，我也会成为背着大包小包的民工中的一员。

我的工种是装修房子，也被称为"瓦匠"。这个词还是从我前领导那里听来的，他在听我说完"父亲是给人做装修的"后，面带轻视地"哧"了一声，说："那就是个瓦匠嘛。"一刹那，我心里五味杂陈。

让我下决心加入民工队伍的，是大把掉落的头发，整夜难以安闭的双眼，还有怎么也回不完的工作信息，以及表面光鲜实则窘迫带给我的折磨。

"博士还有送外卖的，我一个本科生铺地砖怎么了？"小时候，母亲不停地在我耳边念叨"看看别人家的孩子学习多好"。如今，我用"看看别人家的孩子赚多少钱"来说服母亲同意我投身"大把赚钱"的洪流中。

有铺砖需求的大多是购置新房的人群，但我的家乡这两年人口流动大，房屋几近饱和，找不到多少装修的活儿。于是，我随父亲辗转于附近稍大的县城，开启了民工之旅。

我们父女开上皮卡车，拉着吃饭的家什，奔赴不同的人家里。父亲主要干铺砖、安装家电等重力气活儿，我主要负责刷墙和贴壁纸。后者也不好干，尤其我还是个新手。干活儿不到半个钟头，我就累得眼睛酸、胳膊疼，时间再长一点儿，甚至感受不到胳膊的存在，无需用药便实现了"全麻"。但我必须咬牙坚持，为了真正体面的生活。

我们干的活儿，平均每家的工期是5～8天，我们父女便吃住在客户的毛坯房里。吃是自己做——我们带了锅，在小区便利店买一些面条、青菜、鸡蛋，就能凑合好几顿，我因此戒掉了外卖和奶茶。住是席地而睡，夏天在地上铺条床单，冬天铺床被子。干体力活儿累了一天，怎么都能快速入眠，我再也不会成宿地无故失眠。

没有活儿的时候，我和父亲还要去建材市场"自我推销"，虽说十次有六次碰壁，但好歹也能拉上几宗活儿。现在人工报酬算高的，我们一个月干上两三宗活儿，收入就非常可观了。

可观的收入带来巨大的喜悦之余，是不同于3000块钱月收入时的累。好在这种累比较纯粹，只是身体上的，睡一觉或者歇两天就能缓解。

较之我前领导传统的"识人观"，越来越多的年轻人不再认为"下苦力很丢脸"。在我关注的博主里，有一个"00后"的女钢筋工。她拍的视频中，不少年轻人每天起早贪黑，夏天是满脸泥和汗，冬天是冻得红彤彤的面庞和双手。他们都有一个目标，那就是赚更多的钱，在自己出力盖起高楼大厦的城市里拥有一席之地。拧钢筋、盖楼的生活比我的瓦匠活儿更苦更累，可他们的生活充满了生机和活力，无论是浸着旭日和星月的一餐一饭，还是偶尔外出逛街、享受闲暇的小欢喜，他们的生活看似平凡，却熠熠生辉。

还有一位年轻的工地女孩儿，算不上漂亮，脸蛋儿被晒得黑红，看着让人心酸。但下了工地，进了棚房，她就变成了爱美的小甜妹。她对着镜子化妆打扮，那双手非常灵巧，编出的小辫儿总让人惊叹，再换上华丽柔美的汉服，走在热闹的街市里，十分惹眼。无论是在工地上吃盒饭，还是在街头喝奶茶，她都怡然自得，像一个了然人生的智者，沉静面对生活中的一切。于她而言，并非表面光鲜才算成功，百味都是人生。

勃朗宁说："雄心壮志是茫茫黑夜中的北斗星。"雄心壮志不仅是高远的梦想和体面的人生，也是不为人知的艰辛和对"物俗"的追求。在茫茫人生路上，唯有低头拼命赶路，赶着迎接更加美好的明天，赶着追求更有底气的生活，才是"体面"的真正意义。假如外在的光鲜既不能满足生活的基本需要，也无法丰富内在的自我，不妨去追寻一下外在泥泞、内在光鲜的"瓦匠生活"！

浪费时间和金钱，人人都会，但有效使用它，却需要才华与奋斗。

把要做的事做完

□ 刘荒田

临睡前读《随园诗话》，被其中一则害得失眠："小秋妹婿张卓堂士准，弱冠，以瘵疾亡。弥留时，执小秋手曰：'子能代理吾诗稿，择数句刻入随园先生《诗话》中，吾虽死犹生也。'"年纪轻轻就死于痨病的书生，最后的愿望是请整理他诗稿的人，设法让袁枚把他的诗作收入《随园诗话》。这本《随园诗话》在当时名气已大得不得了，天下诗人，或亲身，或托人，源源不绝地把作品送到随园。《随园诗话》中多处提及这一"盛况"，袁枚不堪重负，频频叫苦。他自有标准，要求严苛，不是谁都跃得了这个"龙门"的。好在，对早逝的张卓堂，袁枚"怜其志而哀其命"，便真选了"数句"。

我在昏暗中对着天花板，想到两个字：做完。张书生临终前，把"做完"定义为"有诗入《随园诗话》"，其逻辑该是这样：《随园诗话》一定不朽，而经袁枚的法眼，把自己的诗作纳入其内，"我"遂"虽死犹生"。古人所推崇的立德、立功、立言"三不朽"，能争取到最后一个，泉下当感欣幸。进一步想，人生的"完"即了结，谁都轮得到，放之四海而皆准。问题是"生"这个躯壳内有的是内容。实的是日逐日的生活，虚的是记忆、思考、情怀、梦。到了人生后半段，如何"了"才算有所交代？我想起和卧室距离不过数米的后院，那里有三种植物，算得上三个"完结"的象征。

第一个是栅栏旁边的枫树。这种枫树叶子常年呈褐色而不坠，树形矮小而娉婷如少女，我早就想种一棵，苦于买不到。后来经友人指点，网购一棵。收到后，才一尺高，极纤弱。好不容易栽下，一个月后便枯死了。先天不足，水土不服，属于早夭，可拿来譬喻半途而废的一类，备受压抑，加上自身定力不足，潜能来不及滋长就失去了生机。

第二个是柠檬树，移栽后第一年就落尽叶子，萎了，差点被我拔掉。次年春天，干枯的枝条冒出两枚鹅黄色的芽尖儿。一场微雨，树干由黄黑变成淡绿，叶子次第长出。这是历劫而生还的一类。它虽然活过来了，但不蓬勃，让我想起"蔫人"。行动能力有限，凑合着过下去。于他们而言，"做完"不成问题，因为压根儿"无为"。他们在晚年无嗜好，无奔头，只被动地应付逼近的病痛和无聊。

第三个是南瓜。粗壮的藤蔓逶迤墙头，黄花灿灿照眼，蜜蜂捧场，小瓜一下子结了十多只。一个月后，完成淘汰，只剩两只最大的瓜。如今，瓜沉着地蹲在叶丛间，一天比一天胖。可以预期，到了金秋，它们可重达数十斤。前提是无意外，如恶劣天气、虫害以及人为过失。南瓜提供的是"做完"的榜样。首先是生命力强大，你在旁赞美或诋毁，它都不理会。完整地经历从萌芽、成长到结果的过程，是外物难以遏制的使命。其次是主次分明，有所舍弃，以求最后的丰盛。

总之，"做完"，不是烂尾楼，不是半桶水晃荡，不是心有余而力不足，是南瓜就致力于长大。如果说，歌手最美丽的"做完"是在舞台上谢幕时，掌声如潮水般涌来，他鞠躬却起不来，就此撒手，那么，把一直在做的事做到最后，于凡人就不是太奢侈的要求。

有人说，做完又怎么样？谁会欣赏你？《随园诗话》中另有一则说，有人总称赞自己的诗，很讨人嫌，但一老于世故者说："勿怪也。彼自己不赞，尚有何人肯赞耶？"努力对镜自我赞美就是。

> 纵有浪起
> 披荆斩棘

不管做什么事，如果你做得太好了，一不警惕，就会在无意中卖弄起来。那样的话，你就不再那么好了。

善于"放大"自己的能力

□ 胡建新

曾看到过这样一句话:"如果你有自己系鞋带的能力,就可能有上天摘星星的机会。"从系鞋带到摘星星,无疑是两种悬殊的能力,但它们之间并不存在一条不可逾越的鸿沟。脚踏实地者,方能仰望星空。若能心如金石、志存高远,思悟有道、行动有方,勇于并善于"放大"自己的能力,就可以迸发出令人难以想象的巨大力量。

现实中,不少人看不到自己的能力,更不会"放大"自己的能力,常常生活在自怨自艾、自暴自弃的痛苦之中。究其原因,主要在于对自己的能力存在认知上的误区,总以为自己是丑小鸭而成不了白天鹅。他们虽然也有理想有目标,却常常不把目标当动力而是当成包袱,不是将目标用于奔赴而是用来背负,在各种崎岖坎坷、艰难困苦中渐渐销蚀自己的能力,最终一事无成。相反,只有善于"放大"自己的能力,才能不断激发潜能,不断刷新能力的高度。

"放大"自己的能力,先要相信自己。自信,是获得成功不可或缺的重要因素。有了自信,就有了战胜困难、走向强大的精神动力,就会认清自己的优势,敢于直面一切困难和风险,直至取得成功。果树上的许多果子不是因为太高而够不到,而是因为有人感觉够不到而不敢跳、不愿跳。要想摘到果子,就要敢于跳起来,即使一次次失败,也要一次次地进行下去。在跳起来摘果子的过程中,有时可能就差那么一点点,但只要坚信自己能够得到,就能将现有的能力充分发挥出来,不断突破自我,从而摘得果子。

"放大"自己的能力,需要勇于挑战"不可能"。生命科学认为,人的能力有90%以上未曾得到开发。有位心理学家系统研究了一些历史名人的成功经历,得出一个结论:高度地承认自己,相信自己,正是他们取得成功的主要原因；而充分的自信和由此而产生的创造力，并不是卓越人物所独有的，普通人也能拥有。事实上，"不可能"中蕴藏着诸多"可能"的因素。那些看似"不可能"达到的目标，常常可以在一定条件下转化成"可能"。只要真正具备挑战"不可能"的勇气，并为之付出艰苦卓绝的努力，就能够爆发出巨大的能量，实现从"不可能"到"可能"的飞跃。

"放大"自己的能力，还要善于把握机遇。有人曾提出一个"飞猪理论"，即站到风口上，猪都能被吹上天。当风来的时候，要善于乘风而上、顺势而为，这样才能借风起飞；如果风已经过了，才想到要往风口上站或跟在后面"追风"，显然已经来不及了。我们既要有强烈的"机遇意识"，更要有"时刻准备着"的敏锐头脑，当机遇来临时，能够迅捷有力地抓住它、驾驭它。当今时代，信息瞬息万变，机遇稍纵即逝，拥有一般性的"有准备的头脑"已经很难在激烈竞争中掌握主动、赢得先机；只有拥有"时刻准备着的头脑"，紧盯机遇，随时准备抢抓机遇，才能在机遇来临时紧紧抓住它。

借助外部力量，也能够"放大"自己的能力。荀子在《劝学》中讲："假舆马者，非利足也，而致千里；假舟楫者，非能水也，而绝江河。君子生非异也，善假于物也。"借助外部力量，可以撬动推进事业成功的杠杆，让自己的能力产生倍增效应。所借助的这个外部力量，可以从书本中学习得来，也可以向身边人请教，将他人的智慧、经验为己所用，用以补齐学识才能上的短板，如此便能"放大"自己的能力。

纵有浪起 披荆斩棘　风景就在那里，需要辗转的是我们。不妨在出发中爱上迷路，爱上擦肩的万事万物。

无视鳄鱼，穿越沼泽

□［美］奥赞·瓦罗尔 译/苏 西

"今天我到这儿来，是为了穿越沼泽，而不是为了痛扁所有鳄鱼。"这句话之所以引起我的共鸣，是因为我们常做的与之恰恰相反。我们总是忙着跟鳄鱼打得不可开交，而不是穿越沼泽。

沼泽是个吓人的、充满不确定性的地方，我们可能永远也到不了沼泽对面。而且我们还担心，万一真的过去了，自己会变成什么样。因此，为了逃避穿越沼泽的不适感，我们开始跟鳄鱼搏斗。

我们更愿把时间花在最熟悉的事情上，而不是做完重要的事。对岸那么遥远，不知何年何月才能抵达，而鳄鱼就在眼前明摆着。于是，随便一封邮件就能让我们忘记轻重缓急，仿佛它比真正重要的事更重要。

我并不是说打鳄鱼毫无意义，毕竟它们确实存在，而且可能代表着危险。鳄鱼们以高分贝嘶吼，引起我们的注意，所以我们觉得非打不可。于是，我们没有积极主动地朝着目标挺进，而是把一天中的绝大多数时间——以及一生中的绝大多数时间——用来被动地防御。

这一切的折腾和忙乱，看似高产，实则不然。我们确实在"扫清障碍"，可道路究竟通向哪儿呢？把不重要的事情干得再漂亮，也不能让它变得重要。当我们忙于应付那些"不得不做"的微末小事时，也避开了更为复杂的、能够帮助我们进阶的大事。

非凡的人会无视鳄鱼，把注意力聚焦在如何穿越沼泽上。方法很简单。想好哪些事情是重要的，然后孜孜不倦地优先做它们。无视鳄鱼的存在，把精力放在重要而非紧急的事务上，然后一寸寸地穿越沼泽。

如果你的运气不太好，请试试勇气。

第六辑

困难总会过去,
美好终会到来

父亲的孤独之旅

□马 俊

有一年，我家过得特别艰难。田里收成有限，又赶上祖父和祖母先后得了一场大病，多年的积蓄花了个精光，日子难以为继。父亲决定去找大城市的亲戚帮帮忙，那位亲戚是父亲的表姑，父亲说他的表姑父是做生意的，特别有钱。

我坚决反对父亲去，觉得那种行为像《红楼梦》里的刘姥姥。况且，性格有些木讷的父亲可不如刘姥姥精通世故。母亲也不愿意让他去，说毕竟是远亲，平时没走动过，去了人家也不会给个好脸色。父亲皱着眉头想了半天，最终吐出一个字："去！"

父亲带着两兜花生，坐上了去城市的火车。他揣着母亲做的大饼，计划在路上吃，在外面买吃的太贵。父亲很少出远门，这趟旅程对他来说很艰难，也注定是一趟孤独之旅。火车上很热闹，天南海北的人们聊着闲天，父亲却一言不发。他一路上都在盘算，到了亲戚家哪句话该说，哪句话不该说。有些"台词"，他在脑海中过了一遍又一遍。有时候，他想着想着，手心里的汗就出来了。当然，这都是后来父亲告诉我们的。

下了火车，还要倒两趟公共汽车才能到亲戚家。父亲怕走错了路，就使劲默背路线和站牌。他仰着头，一言不发。在火车上热闹的旅人中间，父亲像个孤独的怪人。有人跟他搭讪，他冲人家笑笑，继续不吭声，有人可能把他当成了失语者。

父亲下了火车后，却赶上了天降暴雨，他背着两兜花生在大雨中奔跑，即刻就成了落汤鸡。本来就人生地不熟，大雨迷蒙中，父亲彻底迷失了方向。他不知道该往哪里去，背了多少遍的路线也忘得一干二净。他想去街边的店铺里避一下雨，又怕人家嫌弃他浑身湿淋淋的，弄脏了地面。

父亲只好在暴雨中狂奔，跑到哪里算哪里，直到找到合适的落脚之地。那时候，父亲已经没有目的地的概念了，他预感自己的方向彻底错了，但他只想跑赢那场大雨，不至于让自己淹没在陌生城市的雨水中。这个世界上，除了靠自己的双脚，谁也不能拯救你。只要双脚还有力量，就没有走不出的暴雨。

父亲跑着跑着，也不知道跑了多久。忽然，他看到一个小亭子，像看到救星一样，立即奔了过去。亭子很小，里面依旧有雨随着风进来，不过到底是比外面强一些。父亲抹一把脸，稍稍整理了一下自己的衣服，开始四下观望。大雨中，他发现不远处好像有汽车站。原本计划找到路边的站牌，坐车去亲戚家，如今有车站在眼前，不怕迷失方向了。稍事休息后，父亲朝车站奔去。

浑身湿透的父亲，又冷又饿。他顾不得吃东西，毅然决定买汽车票回家。并不是觉得一身狼狈无法去亲戚家，父亲说他的表姑是个大善人，这样去还能博得同情。只因为这趟孤独之旅让父亲顿悟：人这辈子，靠谁都不如靠自己。靠自己才能走出大雨的暴击，靠自己才能摆脱厄运的纠缠。

第二天一早，父亲到家了，肩膀上还背着两兜依旧湿淋淋的花生。母亲看到他狼狈的样子，心疼得流下眼泪。父亲咧开嘴冲母亲笑，一脸轻松的样子。后来的很多年里，父亲对这段孤独之旅津津乐道，仿佛当年他做的不是一件令人沮丧的事，而是他此生的壮举。

> **日有小暖 灯火可亲**
>
> 长大本来就是一瞬间的事情。18岁那天法律承认你成年了，但那不是真正的长大，真正的长大是一瞬间的事情。那一瞬间，你的内心改变了，你感受到了生活的重量。

东坡与"乌嘴"

□杨满沧

一天清晨,苏东坡早起散步,发现桄榔庵门前卧着一条流浪狗,看起来又病又饿,怯弱哀伤的眼神让它看上去像一个迷路的孩子。东坡赶紧蹲下来,抚摸着它的头。这条狗很有灵性,好像与他挺有缘,一动不动地看着他的眼睛。这条温驯的不速之客,浑身上下的毛皆为黄色,只有嘴巴上的毛是黑色的,一下子勾起东坡关于狗的回忆。

东坡与黄犬缘分不浅。北宋熙宁四年(1071年),苏轼第一次在杭州通判任上,曾领养过一条黄毛犬,它经常陪伴东坡泛游西湖。熙宁七年(1074年)五月,东坡在移知密州时,又豢养过一条剽悍的黄犬,它经常随东坡出行,威风八面。"左牵黄,右擎苍,锦帽貂裘,千骑卷平冈。"熙宁九年(1076年),东坡调任彭城(今江苏徐州)时,太守设宴为他接风洗尘,菜品里有狗肉,他非常生气,停箸罢宴而去,让太守很没面子,一桌子陪客亦不欢而散。想到这些,东坡把这条黄毛狗抱回桄榔庵中,让儿子苏过喂了它两碗芋头粥。东坡根据它的毛色特征,给它取名"乌嘴"。从此,"乌嘴"成为东坡家中的一员,与东坡形影不离。

一日,东坡乘着酒兴出去访友,在竹林间迷路,"乌嘴"跟在他身后摇头摆尾,他们沿着有牛粪的小路行走才找回家。几个扎着小辫儿的黎族儿童,口中吹着葱叶,笑话东坡喝酒喝得脸通红。半路上遇到年逾七旬的老太太,她朗声笑着和东坡打招呼:"您家里除了书,并没有什么值钱的东西,难道还需要一条狗看门吗?"这化外之地的老太婆,对生活的感悟如此智慧，让东坡沉思不语良久。

东坡一生，融通儒释道为生命智慧，热爱大自然的一切生灵。他很清楚狗虽然是与人类有异的动物，却是比人类简单、忠诚的好伙伴。对身处困厄中的人来说，能得一条狗与之厮守是幸福的，狗最能安抚人的孤独和寂寞。

"乌嘴"成为东坡晚年的精神安慰之一，这种厮守是发自内心的悲悯和善良情感，更是相互间的信任和温暖。在东坡眼里，"乌嘴"的单纯、质朴和忠诚，是人类不可能企及的。对东坡而言，"乌嘴"不再是一条狗，而是一位可靠的朋友。

元符二年（1099年）元宵之夜，明月高悬，烟花四散。酒后，月光如水，东坡应几位朋友之邀一同逛街。"步城西，入僧舍，历小巷，民夷杂揉，屠沽纷然。"月光下的"乌嘴"跳跃着，欢叫着，紧跟在后面。街上卖肉沽酒的商户热情地招呼东坡他们，顺手扔一块骨头给"乌嘴"。"乌嘴"不时跑进黎族人的歌舞队伍中，和着乐曲节拍，扭动屁股，"汪汪"地欢叫几声，引得东坡等一行人哈哈大笑。

> 日有小暖 灯火可亲
>
> 在我们成长的青春里，总会遇见优秀得耀眼的人。我们不停追赶却总是匍匐在他们的影子里，那些自卑和敏感让我们学会努力，当我们也渐渐优秀时，才发现是他们指引了我们的青春。

混沌世界里的清晰之路

□虹 影

父亲患夜盲症离开船回家时，我刚一岁。他的眼疾一年年加重。尚能在白天依稀看见东西时，他经常带小小的我去八号嘴嘴——一个对着朝天门的山坡上，坐在崖石边。他看着江上的船，告诉我那些船的排水量是多少吨，哪些船他开过。他说三峡的鱼比这段江里的鱼大且鲜美，是因为水质不同。他第一次跟我说桃花水母，就是我们俩坐在这儿看江时。

是不是我从那时就开始想象，我可以在长江上搭一块木板？我爱父亲，他的脸总是严峻，透出一股江浙人的智慧。他的手那么巧，一个废品在他手下都变得有了用处。他弹棉花，做凳子和碗柜，他做的腌笃鲜鲜美无比。他待人宽容，对家人和外人永远充满爱和理解。父亲总催我上学："时间快到了，还有五分钟，你跑。"他眼盲后，"看"世界更清晰，从不让家人帮他盛饭、倒水和穿衣。父亲用声音、触觉和特殊的感应，认识他的世界，认识我。记得他对我说："你没有真正的敌人，你的敌人只有你自己。"他一生似乎没吃过一粒药，这也是奇迹。他在一个清静的清晨无疾而终。每次回重庆，我看江时，总觉得父亲就在身边。父亲对我来说，就是混沌世界里的一条清晰之路。当我读卡佛的小说，看到他笔下的盲人教我们如何用一种独特的方式感受大教堂的美时，我想到了父亲。

高境界的处世艺术是不妥协，却能适应现实。而不幸的个人素质是，尽管不断地妥协，却总是达不到适应现实的要求。

沙尘暴

□[西班牙]阿兰·珀西　译/叶淑吟

卡夫卡在非常年轻时，便问自己何谓人类的命运。一切都已注定？运气在哪里结束，选择又从哪里开始？我们能自由选择自己的人生，还是说我们是因果的奴隶？走出文学，这位奥地利作家对于日常生活的自由意志有什么看法？我们可以从他的话语中窥得一二：

"有时候，命运就像诡谲多变的沙尘暴。你可以改变你的方向，但是沙尘暴会抓到你。你再换个方向，沙尘暴还是会挡住你的前路。它玩弄你，犹如破晓之际你与死神一起跳一支不祥之舞。为什么？因为这场沙尘暴不是从远方吹来，并非与你无关。这场沙尘暴就是你自己，是你内心的某个东西。因此，你所能做的是认命，用力地踏进沙尘暴里，闭上眼睛，捂住耳朵，别让沙尘进入，然后一步一步地穿越它。那里面没有太阳，没有月亮，没有方向，也感受不到时间，只有骨灰一般的白色细沙在天空中盘旋。这是一种需要想象的沙尘暴……

"当沙尘暴减弱之后，你不会记得自己是怎么摆脱它、怎么幸存下来的。你无法确定，事实上，你不会知道沙尘暴是否真的已经停止。但是有一件事显而易见，脱离沙尘暴后的你，跟穿越沙尘暴时的你，再也不是同一个人。"

日有小暖　灯火可亲

在缺乏教养的人身上，勇敢就会成为粗暴，学识就会成为迂腐，机智就会成为逗趣，质朴就会成为粗鲁，温厚就会成为谄媚。

穿越历史的"垃圾时间"

□ 马向阳

历史并不总是线性向前的,按照奥地利经济学家路德维希·冯·米塞斯的观点,从经济研究的视角来看,历史中曾经反复出现这样的时刻:一方面,社会的运行发展已经违背基本的经济规律;另一方面,其中的个体根本无力改变,只能眼睁睁看着社会发展走向必然的失败。有学者干脆用历史的"垃圾时间"这一说法对其命名。

根据英国经济学家安格斯·麦迪森的研究,南宋政权偏安江南之后,意外促进了中国人自北向南的大迁徙,1100年至1433年,中国是亚洲贸易中最活跃的力量。尤其在宋朝,商业活动的繁荣带来了市民社会的兴盛,泉州成为亚洲最繁忙的港口之一,景德镇的陶瓷出口为中国制造赢得了世界声誉。但明朝建立之后,马可·波罗所见到的中国自宋至元的繁荣的国际贸易消失了。

如果不幸生活在"垃圾时间"里,你该怎么办?这里必须强调,所谓的"垃圾时间"有其相对性。每个个体既要承受外部环境的挤压,也要应对种种不同的个人际遇。

宋朝的文明昌盛有目共睹,但对苏轼这样的个体来说,"予生也晚"。与宋仁宗庆历新政时期宽厚的政治氛围不同,锋芒毕露又思想单纯的苏轼显得有点生不逢时。从宋仁宗到宋神宗,短短几十年,政治空间风云突变。神宗皇帝为了树立自己的威权,就任后不久就将韩琦、欧阳修等老臣悉数贬谪外地,倚重王安石等,重塑新的政治核心。北宋熙宁三年(1070年),党争中的当权派旗手王安石以莫须有的罪名,出手打击反对派领袖苏轼,后者要么自我放逐,要么被一贬再贬,一生都在党争旋涡中挣扎。

与其他青年才俊不同,苏轼对历史的"垃圾时间"进行了巧妙的转化,成功将其转化为"逍遥时间"。四十多岁的苏轼坦然接受了命运的安排,在黄州最失意最艰难的时期，写就两篇千古佳作——《前赤壁赋》和《后赤壁赋》。《前赤壁赋》中，尚有清风明月可共赏余欢，到了《后赤壁赋》的那个深秋良夜，只剩下"飞鸣而过"的"孤鹤"，游荡于无尽的悲凉之中。

苏轼应对"垃圾时间"的方法有三。其一，重修生存法则。在黄州，生活窘迫，官费少得可怜。苏轼"痛自节俭"，每月初取官费定额，绝不超支。节流之外，苏轼更重开源，躬耕于东坡之上，补贴酒钱，辅以待客。其二，更新快乐法则。于黄州焖烧猪肉，于惠州炙烤羊蝎，于儋州淡煮海蛎。苏轼知道美食可以改变心情，日常生活中发现的每一份"小确幸"，就是给快乐赋予新色彩。其三，寓物而不留意于物，超越庸常，澡雪精神，善养浩然之气。远贬海南后，晚年的苏轼开始模仿陶渊明的诗歌进行创作，同时专心研究《易经》，播种希望，传之后人。终其一生，苏轼把"垃圾时间"里个人际遇的惊涛骇浪，转化成日常生活美学化之后的心底微澜。

回望身处历史"垃圾时间"里的才俊豪杰，出生于明朝中期的唐寅最令人关切。1494年，24岁的唐寅遭遇家庭变故，父母、妻儿相继离世。5年后，29岁的他进京参加会试，却因交友不慎牵涉轰动朝野的徐经科场案而下狱，后又被罢黜为吏，终生以卖字画为生，54岁潦倒而终。

唐寅最令人喟叹的一段时间是在1514年秋天，44岁的他生活无着，应宁王朱宸濠之邀，远赴南昌充当幕僚。很快，唐寅发现宁府系狼穴危巢，朱宸濠早有反叛之图谋。唐寅用尽浑身解数，装疯卖傻数月，方被宁王放还，由此免于杀身之祸。"不愿鞠躬车马前，但愿老死花酒间"，"桃花庵"里的唐寅，只能以半生癫狂和半杯残酒，来回应"垃圾时间"里的无奈和荒诞。

在人类的生命长河中，每一个个体的生命都显得格外短暂而无常，所以，要尽量活得精彩一些。生则日勤，死则永息；"大闹一场，悄然而去"。凡此种种，也不失为一种智慧的活法。

日有小暖
灯火可亲

一粒珍珠是痛苦围绕着一粒沙子所建造起来的庙宇。

"安乐窝"主人

□易 玲

在拥有"最牛文豪天团"的北宋仁宗时期，有这么一个人：他出身寒微，无官无职，却是"宰相顾问"，朝中重臣纷纷拜倒在他门下；他白衣之身，未曾入仕，死后却能得到御赐谥号，并从祀孔庙；他一生甘守清贫，甚至需要典地葬妻的司马光，召集20多位达官贵胄，众筹巨资，为他在洛阳城黄金地段买下一座拥有30多个房间的宅子和大片田地——他就是"北宋第一奇人"邵雍。

时光穿越千年，邵雍的光芒在今天稍显暗淡，但你一定熟悉他的诗《山村咏怀》："一去二三里，烟村四五家。亭台六七座，八九十枝花。"惜时警句"一年之计在于春，一天之计在于晨，一生之计在于勤"，也出自邵雍之口。另外，他还是成语"安乐窝"和"风花雪月"的创造者。

邵雍少有才学，胸怀大志，"始为学，即坚苦刻厉，寒不炉，暑不扇，夜不就席者数年"，一心苦读。后来，因感慨于"昔人尚友于古，而吾独未及四方"，他开始广泛游历，独自越过黄河、汾河，走遍了春秋战国时期的古国遗址，游历归来继续闭门苦读。"读万卷书，行万里路"，他都做到了，所以最终学有大成。他既是文学家、理学家、哲学家，也是预言家、音乐家、物理学家，妥妥的"六边形战士"。

年近四十的时候，邵雍随师父李之才来到当时的理学中心洛阳城，住着自搭的草棚，自耕自种，怡然自得。他性情逍遥散淡如庄周，有隐士高人之风范，很快，整个洛阳城里上至达官显贵，下至黎民百姓，都倾倒在他的渊博才学与人格魅力之下。

司马光、吕公著、富弼等洛阳高官名士，都是邵雍家中常客。因见邵雍居所简陋，难避风寒，便共同出资为邵雍置办了新宅。邵雍也没有推辞不受，而是欣然住下。君子之交，不讲虚套。

为了答谢司马光等人为他众筹买房的义举，邵雍特地赋诗一首："重谢诸公为买园，买园城里占林泉。七千来步平流水，二十馀家争出钱。"由诗句可知，这所宅子不仅面积大，还有房有园，有林有泉。邵雍把宅子命名为"安乐窝"，自号"安乐先生"，又赋诗《安乐窝中四长吟》："安乐窝中快活人，闲来四物幸相亲：一编诗逸收花月，一部书严惊鬼神，一炷香清冲宇泰，一樽酒美湛天真。""安乐窝"一词由此沿用至今。

邵雍通达不惑，而且智虑绝人，在朝官员不管政见如何相左，见了他都是肝胆相照。退居洛阳的朝廷重臣，很多与他是生死之交。诸多名动天下的学者，也均以邵雍的门生自称。他们经常来到邵雍的"安乐窝"中，畅谈饮酒，交流学术。

司马光更是尊邵雍为兄长，两人一起"春看洛城花，秋玩天津月""讲道切磋直，忘怀笑语真"。为此，司马光说："人生缘何不安乐，只因未识邵康节。"邵康节即邵雍。

邵雍与写《爱莲说》的周敦颐、说出"横渠四句"的张载、"二程"（程颢、程颐）兄弟合称"北宋五子"，知交相好。邵雍即将离世时，司马光、张载、程颢、程颐等，日夜守候在"安乐窝"，陪邵雍走完了人生最后一程，并为其操办丧事。不是亲人，胜似亲人。

邵雍在其诗集《伊川击壤集》序言中说："虽死生荣辱，转战于前，曾未入于胸中，则何异四时风花雪月一过乎眼也？"他将一生荣辱看作四时变异的风花雪月，过眼烟云。这便是成语"风花雪月"的出处。

邵雍的绝笔诗《病亟吟》曰："生于太平世，长于太平世。老于太平世，死于太平世。客问年几何，六十有七岁。俯仰天地间，浩然无所愧。""安乐窝"的主人浩然无愧地走了，留下身后不尽的传说。

> 日有小暖
> 灯火可亲
>
> 虽然世界是一本美丽的书，但对于读不懂它的人来说没有任何意义。

镜中观画

□许靖然

马克·吐温的《看画》讲述了这样一个故事：画家的一幅精美画作，挂在一面镜子对面，人们可以站在镜旁的合适位置，从镜中观画，画作色调明朗，美丽精致。画家的猫将此事告诉了森林众兽，并给它们描述画的美妙。大家听了，对画十分好奇，都想一睹为快。驴却怀疑猫在说谎，它不相信有这么美的东西存在。驴的怀疑对众兽产生影响，它们也怀疑起来，猫见状无奈离开。几天后，众兽对画的好奇仍在不断增强，于是驴为了证明它的观点，决定亲自去看画，弄清真相。驴来到镜子前，站在画和镜子之间，因为它的身体挡住了画，所以画根本无法在镜中出现。驴回去告诉大家，猫撒谎，镜里只有一头驴，什么画都没有！众兽大为惊奇，迷惑不解。为判断猫与驴谁是谁非，众兽便一一前往查看。它们看画的方式跟驴一样，所以在镜中都只看到自己，没看到画。并且，它们全都固执地认为，只有自己看到的才是真相，其他动物全在撒谎……

每个人的心灵都像一面镜子，人们通过心灵之镜来观察和看待外界的一切。生活中，有许多美好的人和事物，只要在照心灵之镜时，明智地选择正确的观看位置与角度，就能发现和欣赏到那些美。但如果盲目地选择了错误的观看位置与角度，那么自己的偏见和怀疑，就会在心灵与外界之间生出一道屏障，使得自己与人生中的美好擦肩而过。

所有的幸福都要付出相应的代价，如果没有，那一定是有人替你承受了这代价。

与生俱来的力量

□张雪云

对有些事,我一直感到很奇怪。比如,随意丢弃的一粒南瓜子或是冬瓜子,落在某个旮旯,只要有点乌漆墨黑的土和隔三岔五的雨水,隔不了多久,尖壳里就会钻出两瓣黄嫩嫩的芽来,软软的,太阳一晒,嫩黄便成了浅绿,然后是青绿、翠绿、深绿、墨绿。由浅入深的过程中,瓜秧牵了无数的须,玲珑曲卷,若是近处有枯枝或竹篱,必是葳蕤地向上攀缘,不再低三下四地匍匐。这种寂静生长的力量,既柔弱又强大,不需任何号令,也不需向谁招摇,自然而然地,日复一日,年复一年,便蓬勃了整个村庄与田野。

后来,想到这尘世中的诸多人与事,莫不似这株瓜秧,有着与生俱来的本事。一阵风是有本事的,一场雨是有本事的,一朵云是有本事的,一壶月光是有本事的,一蔸黄黄的南瓜秧子也是有本事的。坐在万物丛生的土地中央,我很好奇,也很喜欢这些生长的力量,等待的力量,回到故乡的力量,昭示力量的力量。

人们总把幸福解读为"有",有房、有车、有钱、有权。其实,幸福是"无",无病、无灾、无忧、无虑。

鸟在它们的巢里

□华 姿

有一次,在深冬的一个傍晚,我从乡下回武汉。当汽车驶过汉水边的麦地时,我看到公路两边的杨树上,零零落落地挂着一些鸦巢。杨树的叶子都落尽了,只剩下光溜溜的树枝,所以这些鸦巢看上去孤零零的。天正下着雨,雨中还夹着雪。我举目四望,没看到一只乌鸦,也没看到别的鸟。于是我问:"这么冷的天,鸟都在哪里呢?"

身边的人答:"当然是在它们自己的巢里。"

我问:"鸟巢没盖子,雨雪不都落在巢里了?那巢里是不是湿透了?"

身边的人又答:"鸟的羽毛不仅可以保暖,还能防水。雨滴落到鸟身上,就滑落了,像水珠落在荷叶上一样。"

还有一次,在仲夏的一个午后,我从武汉回乡下。当我沿着田垄往村落走的时候,突然下起暴雨,大风裹挟着雨点吹得棉花哗啦啦地摇摆,幸好我随身带着一把小伞,才没有被淋成落汤鸡。

就在我急急忙忙地往家赶时,突然看到,在一根摇晃不已的棉枝上,一只小禾雀正平静地站在那里——站在一片棉叶底下,仿佛天上不是在下暴雨,而是在落甘霖。

这个场景使我不由自主地停下脚步。我站在雨中,盯着它看了良久。

很久以前,我读过一个小故事:年迈的国王,渴望看到一幅描绘平静的画。为此,他专门提供了一笔资金,供画家们创作。一批优秀的作品很快就诞生了。国王在看完所有画后,从中挑选了两幅。

一幅画的是山和水:阳光明媚,和风轻拂,清澈的湖水倒映出周围的群山和蓝天白云。在碧蓝的晴空下,湖面风平浪静,一丝涟漪都没有。

与国王一起看画的人,都不约而同地认为,这的确是一幅描绘平静的最佳图画。

  但国王真正喜欢的是另一幅。另一幅画的也是山和水，却是全然不同的山和水：天空乌云密布、电闪雷鸣，倾盆大雨哗哗地落在光秃秃的山上，雨水咆哮着冲向峭壁，在崖下形成一条喧腾的瀑布。而在瀑布的后面有一片小树丛，树丛中有一个鸟巢，鸟巢里有一只雌鸟。在狂风骤雨和湍急的瀑布后面，这只雌鸟正平静地待在它的巢里，好像什么也没发生一样。

  国王说："平静并不等于完全没有动荡、困难和艰辛。在那些纷乱中，心中仍然平静，这才是平静的真义。"

  若能在喧嚣和纷扰中，在遭遇困境、挫折和诱惑的时候，仍能保持内心的平静，才是真的平静。就像乌鸦在寒冬的雨雪里，小禾雀在如注的暴雨中，简单地说，就像鸟在它们自己的巢里一样。

  在世界的喧哗与纷乱中，仍能保持内心的宁静，这是生命的最高境界。人虽向往，且孜孜以求，总是难以达到，鸟却轻而易举地做到了。无论是乌鸦，还是小禾雀，以及巢中的雌鸟，面对狂风和雨雪，都能处变不惊，从容应对。这种智慧和勇气，是人类应该学习的。

日有小暖 灯火可亲

人们往往通过拖延来安慰自己，并维护这样一种信念：他们的潜在能力是出色的、不可限量的。实际上，很多人只是通过拖延的方式逃避自己能力有限的现实。

枕下的零食

□罗　兰

在我幼年的时候，每天晚上临睡之前，父亲必在床前陪我们，讲故事给我们听，一直讲到我们睡眼蒙眬，进入梦乡。

到了第二天早晨，我们醒来后的第一件事，就是伸手向枕下摸。我们所摸到的多半是干果类的小零食——包括花生、核桃、杏干、柿饼、山楂片、脆枣等。虽然为数不多，但每晨必定可以摸到。当我们摸到了父亲为我们放在枕下的这些零食时，心里立刻就充满快乐，觉得生活是如此轻快、顺利，又如此光明、惬意。于是，我们嘻嘻哈哈地从床上跃起，又迅速地跑去梳洗，好赶快来享用这些小小的零食。

那时，我们住在小镇上，那里不像现在的都市这样繁荣，只在离家四五百米处，有一家小小的店铺，名叫"海家店"，那里是专卖零食的。除此之外，每到深夜，有来叫卖清水萝卜和糖葫芦的，有时也有卖兔子肉或五香花生的，这就是父亲给我们留在枕下的零食的来源了。当然，由于清水萝卜和糖葫芦不适合放在枕下，所以我们如在枕下摸不到零食的话，大概会在离床头不远的橱柜上发现这两样漂亮可口的食物。假如遇到冬天刮风下雪的坏天气，小贩们多半不会出来，那时父亲就必须跑到"海家店"去买了。

北方的冬天很冷，特别是到了夜晚，经常刮着强风。那风呼啸着，发出哨子般的声音。有时下大雪，风雪交加，院中积雪盈尺，即使在这样的天气，父亲仍不忽略我们的零食。

我可以想象出他等我们睡了之后，穿起皮袍，戴上风帽，提着风灯，冒寒出去为我们买零食的样子。由于我们的零食很有变化，并非天天相同，所以我知道父亲常常是特地为我们出去买的。我猜想父亲这样做，可能不只是单纯为了疼爱我们，最主要是为了让我们自幼养成乐观的心情与对世界的信心。因为父亲常逗我们说："你许一个愿，试试看，只要你心诚，明天它就会成为真的。"然后他就问我们要许什么愿，小孩子会许什么愿呢？无非是吃的或玩的。

在我们的童年里，一直觉得这世界是可爱的，人间是温暖的，亲情是可以信赖的，而愿望是一定会实现的。父亲当年很守信用地逐天为我们准备一些可爱的小收获，为我们的生命中织入了光明积极的人生观，父亲的这些行动实在远胜过很多枯燥的家训与空洞的格言。

日有小暖
灯火可亲

人生的本质，就是一个人活着。不要对别人心存太多期待。我们总是想要找到能为自己分担痛苦和悲伤的人，可大多时候，我们那些惊天动地的伤痛，在别人眼里，不过是随手拂过的尘埃。或许，成年人的孤独，就是悲喜自度，而这也正是我们难得的自由。

失掉生活方向的人才会迷路

□李伟长

给小朋友读《柳林风声》，读到鼹鼠和水鼠哥儿俩，出门遭遇暴风雪，在冰天雪地里迷了路，眼前一片白茫茫，不知道该往何处去，顿时心生戚戚。那么小的家伙，一阵风就可以将他们吹走，陷在漫天风雪中进退两难。幸好，他们遇到了獾先生。正是这位先生，打开了门，让我看到了一处迷人的地方。

那是一个幽深安静的洞穴。进门后，獾先生举着灯，领着他们俩，不紧不慢地穿过又长又暗的地道，推开一扇厚重舒适的橡木门，进了一间温暖如春的大厨房。宽大的壁炉里炉火烧得正旺，炉前放着两把高背椅，用来招待到来的朋友。美味的火腿、几捆干草、几网兜洋葱和几篮子鸡蛋，挂在厨房的上方。想想洞外风雪交加，路人饥寒交迫，而此时此刻，在獾先生的家里，热气腾腾，有炉火，有食物，还有远道而来的朋友。

就享受生活而言，獾先生真是一个榜样，不仅找到了这么好的地方，还把它打理得如此舒适，真适合闭起门来安心过冬。冬天里的动物们都昏昏欲睡，有的已经冬眠了。冬天休息是一些动物约定俗成的规矩。大雪天，烤着火炉，饿了就吃点火腿和洋葱，不必受冻，不至于挨饿，而后呼呼大睡，等待冰雪消融，等待水流再次潺潺。不用焦急，甚至连耐心都用不上，春天自然会像往年一样准时抵达。

听到朋友可能惹上麻烦，獾先生直言不讳，告诉鼹鼠他们，冬天他什么也做不了，他得休息，也就是冬眠。獾和别的冬眠动物没有区别，甚至他冬眠的时间更长。让獾先生放弃冬眠，强打精神，或者打着瞌睡，离开温暖的洞穴，是很危险的行为，他可能会冻死在冬天的路上。这是獾作为动物的弱点，换言之，就是他的有限性。獾很清楚这一点，做不到就是做不到，逞强没有意义，接受自己的局限并遵守它才是对自己负责。

我想说，和动物一样，人也有某些特殊的习性，有些习性就是弱点。一个人能意识到自己的弱点，要是还能接纳它，不想着强行纠正它，就已经很让人钦佩了。事实上，总有很多人不甘心，以为凭着毅力和决心可以击败乃至克服自己身上的有限性，故而勉强行事，结局不顺遂也就再自然不过了。

我喜欢獾先生的"冷酷"，不冲动，不莽撞，没有急不可待，而是等着冬天过去。这样也许会错过帮助朋友的最佳时机，但只要生活还没有被摧毁，演出还没谢幕，就还来得及。事实上，生活也不可能被摧毁。何况，坏事还未发生，蛤蟆还没有锒铛入狱。为尚未发生的事情犯愁，不是獾先生的行事风格。几个月后，冬天过去了，冬眠结束，獾先生如约走出洞穴，和一帮老友拯救了浮夸的蛤蟆老弟。

冬天不出门，是獾先生的生存规律，也是一种生活哲学，像曾国藩说过的"未来不迎，当时不杂"，还没来的事情不必忧虑，专注当下更为重要。当你知道獾先生清理出这么一间温暖的大厨房时，就知道他的生活是怎样怡然自得，又顺守自然秩序的。

我从乡下来到城市，有时感觉迷了路，慌了神，硬着头皮往前走，幸有师长指路，走着走着，就走到了现在，回头看看走过的路，似乎又是对的。原来迷路也不容易，失去生活方向的人才会迷路。莫泊桑在短篇小说《一生》中讲，"生活不可能像你想象的那么好，但也不会像你想象的那么糟。我觉得人的脆弱和坚强都超乎自己的想象。有时，我可能脆弱得一句话就泪流满面，有时，也发现自己咬着牙走了很长的路"。

这种感觉常在心头泛起又沉下，似乎说中了一些什么，又近乎矫情得不值一提。不可否认，我很想走进獾先生的大厨房，在壁炉旁烤火，看柴火烧得旺旺的，在餐桌上吃火腿，听鼹鼠说蛤蟆让人啼笑皆非的遭遇，听小刺猬讲下雪天被妈妈赶去上学而迷路的故事，等待温厚的獾先生睡醒，和他一道抽抽烟，喝喝茶，谈谈洞外的夜晚和纷飞的大雪。

> 日有小暖 灯火可亲　　如果心偏向不同的地方，人就会变得盲目。

社交名单上的最后一名

□舒 予

大卫·吉尔莫是加拿大的一名影评人。他在辅导儿子杰西学习拉丁语的一个下午忽然意识到，儿子是那么不在乎上学这件事。当终于了解儿子在学校是如何混日子之后，他意识到，如果自己因为这些向儿子发火，引发冲突，或许会失去儿子。于是，大卫告诉杰西，如果他不想上学，可以不去，但有一个条件：杰西每周要和他一起看三部电影，影片由他来选。这是大卫希望杰西在辍学后继续接受的教育。

在父子俩的这个"电影俱乐部"里，大卫将他们要看的电影分成了几个单元：寻找影片中的"伟大瞬间"，可以是电影中的一个场景、一段对话或一段影像，它们能够让人在观看时心怦怦直跳；享受"心虚的愉悦"，学习如何欣赏庸俗电影；感受"被埋藏的宝藏电影"；发现"了不起的喜剧"……

大卫用电影向杰西展示了人生的各种可能性，一部电影或许就会呈现一种人生选择，甚至会展现多种结局。当杰西宣布辞去餐馆的工作，打算离开家和朋友从事音乐创作时，身为父亲的大卫又开始担心起来。但他自我安慰道："好吧，他都十九岁了，顺其自然吧。至少他知道导演迈克尔·柯蒂兹为《卡萨布兰卡》拍过两个结局，以防悲伤的结局不受欢迎。这有助于他理解世界是怎么回事，至少不能说他还毫无准备就被我送了出去。"

这对父子的故事被写成一本名为《曾经少年》的书。这本书温情动人的地方，除了大卫别具一格的教育方式，还有他细腻、温柔的父亲形象。这是一个以父亲的视角讲述的故事，书中有很多关于父亲的心理描写，这些描写让人体会到一个父亲心思细腻的一面。

比如，将儿子从骗子手中救下来之后，大卫写道："好好地扶持了他、保护了他，恪尽职守。事实上，我为事态的发展而暗自高兴。过了某个年龄以后，你就没机会再为自己的孩子做那么多了，你的精力已经不再旺盛。"

看到儿子的背影时，大卫想道："他的内心是否充满阳光？我想知道。这个步伐轻快的大男孩，我了解他真实的内心吗？"

没想到儿子真的能坚持做洗盘子的工作时，大卫写道："正如人们经常对自己的子女所做的那样，我再次错看了他。你会认为自己比其他人更了解他，这么多年来上下楼梯，给他掖好被子，看他开心、难过、担忧——然而你其实并没有那么了解他。说到底，他总有些地方是你永远无法想象的。"

看着儿子走向他的朋友，准备一起远行时，大卫写道："我只想把他拖上五秒或二十秒，这样如果有什么坏事要发生的话，他就可以错过——几步路、几秒钟，就因为这么一点点时间，他可以逃过一劫。"

终于有一天，大卫意识到杰西或许不再需要"电影俱乐部"了，"某种程度上也不再需要我了"。他很失落地写道："他不再是那个爸爸的乖儿子。你可能早就时不时地意识到这一天会到来，然而突然间，这一天真的来了。"

即便如此，父亲总是慷慨的，他说："我情愿做他社交名单上的最后一名。成为他所有朋友都没空时才能和他一起吃饭的父亲，我也是开心的。"

青春不是人生的一段时期，而是心灵的一种状况。

凌晨，一只异鸟翩然来访

□张 檑

我是懒惰之人，极少会在凌晨起来，那天破例早睡，约莫在凌晨三时醒来，怎么也难以入睡。百无聊赖，只好摸一本闲书翻阅。翻着翻着，一阵激越的声音凭空响起，直抵耳鼓。

恕我愚钝，我在城中这一带居住达数十年之久，似乎从未听到过动静如此大的鸟鸣？那该是什么鸟？布谷？杜鹃？斑鸠？抑或一只从遥远异乡飞来的异鸟？且不去管它了。那鸟鸣一声比一声激昂，一声比一声高亢，仿佛拉响了凌晨的警铃。

说起来，我所居住的这个小区也算是树木茂密，花草繁盛，楼房四周种植了榕树、香樟树、芒果树，放眼望去，也称得上一派葱茏，自然吸引了一群群鸟雀的齐集。平日它们也会挤在一起，叽叽喳喳一番，不过叫声都在过于喧嚣的白日里被遮盖了。在我偶尔早起的清晨，也曾听见过一两声怪异的鸟叫，就像是被谁凭空撒下的一串哨音，很快就不见了。

反正此时书已是无法翻看，刚刚冒头的睡意也被按了下去，我索性走到阳台一探究竟。楼下黑黢黢的，对面楼房门前和道路上的几盏白炽灯勾勒出了楼房和树木的轮廓。叫声是有节奏的，会在略略停顿和间隔后再度响起，呱呱的叫声似乎还拖曳着长长的尾音。我无法辨别这只鸟究竟栖息在哪一棵树木之上。循声望去，我仿佛看到纠缠在一起的树枝也在微微抖动，呼应着这只异鸟的来临。

目下夜色还盘踞在整片小区，在四下里渲染，但仔细凝视，已有点点亮光在天际渗透，难说不是被这只叫不出名字的鸟啄破了夜色，从而使黎明一点点漏了下来。从来都是闻鸡起舞，可如今城市里早已不再有人养鸡，那么是否意味着专司报晓之职已被鸟类取而代之？

叽叽，嘹亮的鸟叫响彻小区。

再看看我所在的小区，目之所及，哪怕是因为一只异鸟的到来，也没有谁家的灯盏亮起，一扇扇窗户都拉着厚厚的窗帘，像是一双双因酣睡而紧闭的眼睛，始终不肯睁开。那些楼道口黑黢黢的门洞则如因酣睡而张开的嘴巴，似乎能感觉到它发出的均匀的呼吸。也就是说，哪怕是一只异鸟发出的叫声，也无法唤醒一个个沉睡的人，更何况还有一些装睡的人。

我不知道这只异鸟的来访意味着什么。其实，我也本该属于那些沉睡者中的一员，只不过因为偶然醒来才与一只异鸟相遇并被其吸引。可以想见，在过往那些漫长的日子，因为我的长睡不醒，或者昏聩不察，错失了这个世界多少的奇遇和魔幻时刻。

当然不限于一只异鸟的翩然来访，还有诸如一场骤然降临的春雨，滚过天边的闪电，遽然划过夜空的流星，甚至一朵花的微笑、一片黄叶的轻轻叹息……而正是这些大自然微妙的变化，才使我们冰封的心之湖面有了弧线，硬核的现实变得柔软。

> **日有小暖 灯火可亲**
>
> 世界不是平的，也不是一条直线，我们向往的远方世界，有着比我们想象中复杂得多的无奈与苦痛，也有着非深入其中就不能体会的爱与生命力。

敬　启

本书为正规出版物。在阅读过程中，若遇内容方面任何问题，请与我们联系，联系电话18501931246。因此影响到您的阅读体验，我们深感抱歉！感谢您对本书的认真阅读。